Albert Biesinger • Edeltraud Gaus • Ralf Gaus

Warum hat Gott die Welt gemacht?

ANTWORTEN AUF

K I N D E R F R A G E N

Albert Biesinger • Edeltraud Gaus • Ralf Gaus

Warum hat Gott die Welt gemacht?

Antworten auf Kinderfragen

HERDER

FREIBURG · BASEL · WIEN

Die Bibelzitate sind entnommen aus:
Die Bibel. Die Heilige Schrift
des Alten und neuen Bundes.
Vollständige deutsche Ausgabe
DIE BIBEL

www.herder.de

Gesamtgestaltung:
Weiß-Freiburg GmbH – Graphik & Buchgestaltung
Umschlagmotiv: © Chlorophylle/fotolia
Abbildungen im Innenteil:
© Fotolia/Martin Helmrich 6; © photocase.com (8/9 sieben_wuen-sche; 22/23 skyla 80; 36/37 A.P.; 55 öda; 68/69 Naturfreund 2.0; 86/87 wag66); die Illustrationen auf S. 67, 76/77 und 84/85 stammen von Rolf Bunse.

Herstellung: fgb · freiburger graphische betriebe
www.fgb.de

Gedruckt auf umweltfreundlichem,
chlorfrei gebleichtem Papier
Printed in Germany

ISBN 978-3-451-33097-1

Inhalt

Vorwort

Wer mit Kindern über die Schöpfung staunt, sie erkundet und sich mit ihr auseinandersetzt, begibt sich auf eine spannende Reise, auf der es wortwörtlich um „Gott und die Welt“ geht.

In der christlichen Gottesbeziehung zu leben, ist ein Schatz für Eltern und Kinder. Gerade im Blick auf die Schöpfung zeigt sich die enge Beziehung zwischen Gott und der Welt noch einmal besonders. Wir leben nicht in einer sinnlosen Welt. Die Welt mit Menschen, Tieren und der Natur ist kein Produkt des Zufalls. Vielmehr sind sie von Gott gewollt und als gut und sinnvoll befunden. Kindern diese Grundhaltung zur Welt und zum Leben zu vermitteln, macht ihnen ein befreiendes Geschenk und führt sie zu einem erfüllteren Leben.

Aus dieser Gottesbeziehung entwickelt sich aber auch eine besondere Haltung zur Welt. Wir können nicht nur dankbar *in* dieser Schöpfung leben, sondern müssen auch respektvoll und verantwortungsvoll *mit* ihr leben. Der Umgang mit Menschen und Tieren als Geschöpfen Gottes und der Natur als unserer Grundlage ist nicht beliebig.

Auf dieser Entdeckungsreise wünschen wir Ihnen viel Spaß und Freude.

Edeltraud und Ralf Gaus, Albert Biesinger

1. Von der Schönheit der Schöpfung

Edeltraud Gaus

Warum hat Gott die Welt gemacht? Warum gibt es verschiedene Tiere? Warum gibt es Mann und Frau? Hat Gott auch den Mond, die Sonne und die Sterne gemacht? Sind die nicht viel zu weit entfernt?

Das wissen wir dazu

Die biblischen Texte, die uns von der Erschaffung der Welt erzählen, sind Glaubensbekenntnisse zu Gott als Schöpfer. Vor mehr als zweitausend Jahren entstanden, begleiten sie die Menschen durch die Zeit und sind Grundlage für alle christliche Perspektive auf die Schöpfung. Eine Perspektive, die Gott als Schöpfer und Urheber der Welt annimmt. Wir nehmen die Welt so, wie sie ist. Wir nehmen sie wahr in ihrer Schönheit und Vielfalt, sind fasziniert darüber, wie der Kreislauf des Lebens zusammenspielt – sei es bei den Jahreszeiten, den Pflanzen, den Tieren oder bei uns Menschen selbst. Alles scheint genial angelegt.

Und wir vermuten und hoffen auch, dass alles seinen Sinn hat, so wie es ist. Denn Schöpfung beinhaltet ja nicht nur Sonnenseiten, sondern auch Grausamkeiten: eine eindrucksvolle Ordnung, aber auch die einschüchternde Gewalt der Natur oder die Freiheit der Menschen, sich für das Gute oder das Schlechte zu entscheiden. All das ordnen wir unter dem Aspekt des Glaubens Gott zu, der mit uns in Beziehung steht. Er

hat die Welt und alle Geschöpfe ins Dasein gerufen und steht mit der ganzen Schöpfung in besonderer Beziehung, egal was geschieht. Es ist ihm also nicht gleichgültig, wie die Zukunft der Schöpfung aussieht. Schließlich sieht er die Welt als gut an und stellt sie unter seinen Segen, das heißt, er möchte, dass es in seinem Sinne weitergeht. Und weil wir annehmen, dass Gott die Welt so geschaffen hat, wie wir sie vorfinden – in ihrer Größe, mit vielen verschiedenen Tieren und Pflanzen, mit Mann und Frau –, hat sie einen Sinn. Von daher ist es sinnvoll, diese gottgegebene Ordnung als Leben ermöglichende Ordnung anzuerkennen und zu respektieren – auch wenn wir wohl nie ganz ergründen werden, weshalb Gott die Welt geschaffen hat.
Es gibt bis heute viele Zeugnisse von Menschen, die mit Texten und Liedern den Schöpfer loben und für die Welt danken. Einer der bekanntesten Texte ist der Sonnengesang des heiligen Franzi von Assisi (siehe Seite 65): Im 13. Jahrhundert hat der Heilige ein umfassendes Loblied auf Gott und die Schöpfung gedichtet, das die Grundhaltung seines Verfassers zum Ausdruck bringt. Franziskus geht es nicht darum, andere Geschöpfe zu „beherrschen", sondern um Achtsamkeit gegenüber jedem Mitgeschöpf. Die Anrede von Menschen, Tieren, Elementen und Planeten als Bruder und Schwester zeigt deutlich, dass Mensch und nichtmenschliche Schöpfung für ihn auf einer Stufe stehen. Staunend und ehrfurchtsvoll besingt er die Schönheiten der Schöpfung und ihre besondere Aufgabe. Er fordert selbst die Elemente Luft, Wasser, Feuer und Erde sowie die Gestirne Sonne und Mond auf, Gott zu loben. In den letzten beiden Strophen preist er

Gott für den Menschen, der vergeben, Leid ertragen, Frieden stiften und Heil erlangen kann; und er dankt sogar für den Tod, dem kein Mensch entrinnen kann. Im Sonnengesang kommt deutlich zum Ausdruck, dass sich Gott für den heiligen Franziskus immer und überall in seiner endlosen Güte, Allmacht und Schönheit zeigt, und dass sich diese Eigenschaften in jedem seiner Geschöpfe wiederfinden. Er drückt dies als Lobpreis und Danksagung aus.
Aus dem Bekenntnis, dass Gott der Schöpfer von Himmel und Erde ist, ergibt sich eine besondere Verantwortung des Menschen für die Schöpfung, die Gott ihm übertragen hat. Davon berichten die Schöpfungserzählungen der Bibel. In der Mitverantwortung für die Schöpfung zeigt sich die Gottebenbildlichkeit des Menschen. Sie gründet bei Franziskus auf dem Gedanken der universalen Geschwisterlichkeit und beinhaltet die Anerkennung einer je eigenen Würde für alles, was Gott geschaffen hat. Auf diese Weise bewertet Franziskus die Natur nicht nach ihrem Nutzwert für den Menschen, sondern nach der von Gott geschenkten Würde. So erhält alles in der Schöpfung eine eigene Bedeutung, einen eigenen Charme, eine eigene Schönheit und letztlich einen je eigenen Wert. Und dieser Wert richtet sich nicht danach, ob etwas für den Menschen brauchbar oder nützlich ist. Jedes noch so einfache Leben hat einen Eigenwert schon aufgrund der Tatsache, dass es da ist und existiert. Der Wert ist an keine Leistung gebunden, sondern ganz umsonst von Gott geschenkt: Jedes Leben ist gut, weil es von Gott ins Leben gerufen wurde.

Das hat mit uns zu tun

Die grundlegenden Fragen von Kindern bis zum Ende der Grundschulzeit sind, warum die Erde erschaffen wurde und woher wir Menschen kommen. „Warum sind wir hier?“, und: „Warum kommen wir auf diese Welt, wenn wir eh wieder sterben müssen?“

Der Begriff Schöpfung beinhaltet die Annahme, dass Gott die Welt erschaffen hat und mit ihr in Beziehung steht. Diese Sichtweise hat auch die Schöpfungserzählung im Blick auf die Entstehung der Welt, des Lebens, der Menschen, Tiere und Pflanzen und deren Verhältnis zueinander. Wir erhalten eine klare Antwort: „Du, Mensch, kommst deswegen in diese Welt, weil Gott es wollte und will, dass du in diese Welt kommst und für diese Welt da bist: für andere Menschen, für die Schöpfung und für Gott als Gegenüber.“

Die Geschichte der Welt ist die Geschichte Gottes mit uns Menschen, aber auch mit den Tieren und Pflanzen. Sie ist eine Liebesgeschichte, und mit jedem Kind, das geboren wird, beginnt sie erneut. Es ist ein großer Unterschied, zu wissen, ob wir ein Zufallstreffer der Natur sind oder ob wir als von vornherein gewollter Mensch angesehen werden, das einen Funken von ihm in sich trägt.

Die Schöpfung als eine von Gott geschaffene Wirklichkeit zu deuten, vermittelt uns eine tiefgründige Geborgenheit. Es ist eine fundamentale Sinnerfahrung, die Welt unter der Perspektive dieser Liebesgeschichte wahrzunehmen und zu erleben: Von Gott gewollt und von ihm unbedingt angenommen zu sein – mit den eigenen Stärken und Schwächen –, ist eine Erfahrung, die uns Vertrauen in uns selbst, unsere Mitmenschen und in diese Welt schenkt. Und wo sich Menschen im Glauben an einen Urgrund, einen Leben spendenden Gott, halten, da bejahen sie, dass Welt und Mensch nicht sinnlos sind, sondern Anfang und Ziel haben. Sicherlich ist es deshalb auch ein Bedürfnis, Gott dafür zu danken und seine Schöpfung zu loben.

Weil Gott uns diese Welt anvertraut hat und auch, weil sie Lebensraum von uns selbst und vielen weiteren Generationen ist, wollen wir sie bewahren. Indem wir wie Franziskus die ungeheure Vielgestaltigkeit der Schöpfung wahrnehmen, erkunden und wertschätzen, schaffen wir die Grundlage für Verantwortungsgefühl. Bei allem Bemühen um ein gelingendes Miteinander in der Schöpfung gilt es allerdings anzuerkennen, dass auch Grausames und Schlechtes zur Schöpfung gehört. Wir sind heutzutage besorgt um unsere Schöpfung und unseren Lebensraum im Hinblick auf dramatische Umweltprobleme. Tornados oder sintflutartige Regenfälle zerstören ganze Landstriche, es gibt Schädlingsplagen und verseuchtes Grundwasser. Wenn wir Gott angesichts dieser Szenarien dennoch dankbar sind und ihn für seine Schöpfung loben, dann tun wir das, indem wir nach Verhaltensänderungen und Lösungen für all die Umweltprobleme suchen, die vom Menschen selbst verursacht werden. Dies ist allerdings nur möglich, wenn wir grundlegend umdenken und auch verantwortlich danach handeln. So verbinden sich Lobpreis und Schöpfungsverantwortung.

Das sollen Kinder verstehen

Wenn es nach einem kalten Winter wieder wärmer und heller wird, wenn die Natur auf geheimnisvolle Weise wieder zu neuem Leben erwacht, ist das wie ein Wunder. Auch wir Menschen leben wieder auf, genießen die Sonne mit ihrem Licht und ihrer Wärme, sind froh über Aktivitäten und Bewegung an der frischen Luft, die allen gut tun. In der Tier- und Pflanzenwelt können wir beobachten, wie Gras und Bäume wieder grün werden, wir hören die Vögel wieder zwitschern und sehen die Enten ihre Jungen hinter sich herlocken. Neues Leben wächst heran, und diese Wahrnehmung führt zum Staunen. Staunen bedeutet, dass wir still werden und im Sehen oder Spüren verweilen können. Auf diese Weise können wir die Natur als Geschenk Gottes achtsam wahrnehmen. Indem wir staunend das wahrnehmen, was Gott uns geschenkt hat, werden wir dankbar für seine Schöpfung. Kinder sollen immer wieder die Gelegenheit haben, die Natur wahrzunehmen und zu erfahren. Im Regenbogen nach dem Gewitter, in einem farbigen Schmetterling oder der Feinheit eines Spinnennetzes im Tau spüren Kinder, dass das alles großartig ausgedacht und geschaffen ist. Über all das und darüber, dass Gott es für uns Menschen gemacht und uns anvertraut hat, können wir mit unseren Kindern ins Gespräch kommen, damit sie die Schöpfung als wertvoll und schützenswert erkennen können. Wir vermitteln ihnen auf diese Weise auch eine grundsätzliche Haltung der Freude über die Welt, deren Vielfalt sich im Schönen *und* Grausamen zeigt.

Das können wir miteinander tun

Wachstum bestaunen – Erntedank feiern

Zusammen mit Kindern wird eine Pflanze eingepflanzt oder gesät. Beispielsweise gehen Eltern und Kinder gemeinsam los, um Kressesamen zu kaufen. Zur Saat wird ein kleines, flaches Behältnis benötigt, in das eine saugende Unterlage gelegt wird; gut geeignet sind Watte oder Zellstoff. Alle sitzen am Tisch und ein Kind streut die Samenkörner vorsichtig auf die saugende Unterlage. Ein anderes Kind gießt anschließend Wasser darüber, sodass die Samen gut durchfeuchtet werden. Gemeinsam wird besprochen, was nötig ist, damit die Kresse gedeihen kann, etwa Sonnenlicht und regelmäßiges Gießen. Jeder übernimmt eine Aufgabe, damit es der Kresse gut geht, und regelmäßig schaut man gemeinsam nach und staunt, wie die Pflanzen wachsen. Dazu kann ein sogenanntes Bildertagebuch geführt werden: In regelmäßigem Abstand werden Fotos gemacht und schriftlich dokumentiert, wie sich die Samen entwickeln. Irgendwann haben die Samen ihre Blätter und Stängel vollständig entfaltet und die Kresse ist erntereif. Gemeinsam wird die Kresse geerntet, indem ein Kind mit der Schere die Stängel vorsichtig abschneidet. Die Kresse wird gewaschen und einem Salat oder Eiern beigegeben. Vor dem Verzehr wird noch innegehalten: Es kann ein Gespräch darüber stattfinden, was jeden einzelnen am Wachstumsprozess der Samen beeindruckt hat. Das Bildertagebuch kann herangezogen werden, um das Vorher mit dem Nachher zu vergleichen. Jemand spricht: „Herr, wir danken dir, dass wir auf der Erde leben, die du so wunderbar gestaltet hast. Wir danken dir, für die vielen Gaben, die du wachsen lässt und uns zur Nahrung gibst. Wir danken dir, dass du für uns sorgst." Dann wird die Kresse gegessen.

Mit Kindern staunen – Eine Schneckenmeditation

Gemeinsam mit Kindern kann ein Spaziergang in der Natur unternommen werden, bei dem man Ausschau nach leeren Schneckenhäusern hält. Jedes Kind darf ein Schneckenhaus mitnehmen.

Zuhause angekommen, sollten für die Meditation etwa 30 Minuten eingeplant werden. Jeder setzt sich mit seinem Schneckenhaus bequem im Raum hin oder legt sich auf eine Decke. Man spricht ganz ruhig und nicht zu laut: „Jetzt nehmen wir uns die Zeit, einmal zu spüren, wie es uns gerade geht. Wir nehmen bewusst wahr, wo wir sitzen. Wo habe ich Kontakt zum Boden? Kann ich in dieser Position gut atmen? Ich kann meine Augen schließen und ruhig werden. Ich achte auf meinen Atem, wie ich einatme und ausatme. In meiner Hand liegt das Schneckenhaus. Ich umfasse es, spüre die Rundungen und betaste vorsichtig die Oberfläche." – *Pause*

„Nun kann ich die Augen wieder öffnen. Wir bleiben ruhig und unser Blick fällt auf unser Schneckenhaus. Welche Form hat es? Welche Linien sind erkennbar? In welche Richtung windet sich das Schneckenhaus? Welche Farbe hat es?" – *Pause*

„Nun hat jeder sein Schneckenhaus ganz genau angeschaut und vielleicht Dinge entdeckt, die man so noch gar nicht gesehen hat. Wer mag, kann jetzt sein Schneckenhaus den anderen Kindern vorstellen. Welche Farbe hat es, gibt es eine besondere Stelle, eine be-

stimmte Musterung? Was gefällt euch besonders?"
Die Kinder stellen nach und nach sich gegenseitig ihr Schneckenhaus vor. Nach der Runde kann das folgende Gebet gesprochen werden:
„Unsere Welt ist schön. Die großen Dinge, wie auch die kleinen Dinge. Gott hat diese Welt gemacht, und all ihren Geschöpfen, all ihren Pflanzen, Tieren und Menschen seine Schönheit geschenkt. Wir danken für all das Schöne, was du uns schenkst. Segne du uns, guter Gott, und lass uns immer begleitet sein von deiner Nähe. Amen."
Zum Abschluss: Lied „Laudato si" (siehe unten)

Sich gegenseitig den Segen Gottes zusprechen
Benötigt wird ein kleines Schälchen mit Hautöl. Zu einem bestimmten Zeitpunkt, am Abend, am Geburtstag oder vor einer Reise können sich Eltern und Kinder gegenseitig segnen, indem sie den anderen mit Öl ein Kreuz auf die Stirn bezeichnen und sprechen: Du bist von Gott gewollt und ganz wunderbar geschaffen.

Verantwortung für die Schöpfung übernehmen
Die Familie überlegt sich, wo sie in ihrem Umfeld Verantwortung für die Schöpfung übernehmen kann: Sparsamer mit den Energiequellen und achtsam mit Nahrungsmitteln umgehen, unbedachtes Autofahren und unnötige Verpackungen vermeiden, Müll sortieren. Anschließend wird ein Plan gemacht, wer wofür verantwortlich ist und was wann umgesetzt werden soll.
Zum Abschluss kann das Lied „Laudato si" gesungen werden – eine Vertonung des Sonnengesangs von Franz von Assisi.

Lied: Der Sonnengesang

(Ostinato)

2. Sei gepriesen für Licht und Dunkelheiten!
Sei gepriesen für Nächte und für Tage!
Sei gepriesen für Jahre und Sekunden!
Sei gepriesen, denn du bist wunderbar, Herr!

3. Sei gepriesen für Wolken, Wind und Regen!
Sei gepriesen, du lässt die Quellen springen!
Sei gepriesen, du lässt die Felder reifen!
Sei gepriesen, denn du bist wunderbar, Herr!

4. Sei gepriesen für deine hohen Berge!
Sei gepriesen für Fels und Wald und Täler!
Sei gepriesen für deiner Bäume Schatten!
Sei gepriesen, denn du bist wunderbar, Herr!

5. Sei gepriesen, du lässt die Vögel kreisen!
Sei gepriesen, wenn sie am Morgen singen!
Sei gepriesen für alle deine Tiere!
Sei gepriesen, denn du bist wunderbar, Herr!

6. Sei gepriesen, denn du, Herr, schufst den Men-
schen! Sei gepriesen, er ist dein Bild der Liebe!
Sei gepriesen für jedes Volk der Erde!
Sei gepriesen, denn du bist wunderbar, Herr!

7. Sei gepriesen, du selbst bist Mensch geworden!
Sei gepriesen für Jesus unsern Bruder!
Sei gepriesen, wir tragen deinen Namen!
Sei gepriesen, denn du bist wunderbar, Herr!

8. Sei gepriesen, er hat zu uns gesprochen!
Sei gepriesen, er ist für uns gestorben!
Sei gepriesen, er ist vom Tod erstanden!
Sei gepriesen, denn du bist wunderbar, Herr!

9. Sei gepriesen, o Herr, für Tod und Leben!
Sei gepriesen, du öffnest uns die Zukunft!
Sei gepriesen, in Ewigkeit gepriesen!
Sei gepriesen, denn du bist wunderbar, Herr!

Kehrvers: Sonnengesang des hl. Franziskus von Assisi
Text: Winfried Pilz; Melodie: mündl. überliefert aus Italien

Schlussimpuls für Eltern
Wir haben eine Verantwortung vor Gott. Der Indianerhäuptling Seattle machte dies in seiner Rede vor dem Präsidenten der Vereinigten Staaten von Amerika im Januar 1855 deutlich. Hier ein Ausschnitt:

„Wenn wir euch unser Land verkaufen, liebt es, so wie wir es liebten, kümmert euch, so wie wir uns um es kümmerten, behaltet die Erinnerung an das Land, so wie es ist, wenn ihr es nehmt. Und mit all eurer Stärke, eurem Geist, eurem Herzen, erhaltet es für eure Kinder und liebt es – so wie Gott uns alle liebt ... Denn eines wissen wir – unser Gott ist derselbe Gott. Diese Erde ist ihm heilig. Und selbst der weiße Mann kann der gemeinsamen Bestimmung nicht entgehen. Vielleicht sind wir doch – Brüder. Wir werden sehen."

2. Von der Erschaffung des Menschen

Edeltraud Gaus

Was heißt „Wir sind Gottes Ebenbild?" Sehen wir aus wie Gott? Hat Gott uns alle allein geschaffen? Woher komme ich? Warum gibt es so viele Menschen auf der Erde?

Das wissen wir dazu

Wir Menschen leben nicht zufällig auf der Erde. Gott hat uns gewollt, jeden einzelnen von uns. Wir Menschen sind kein Zufallsprodukt, das irgendwie nebenbei entstanden ist. Die Bibel beschreibt, dass Gott den Menschen am sechsten Tag erschaffen hat, nachdem er an fünf Tagen Himmel und Erde hervorgebracht und mit herrlichen Werken ausgeschmückt hatte:

„Nun sprach Gott: Lasst uns den Menschen machen nach unserem Bild, uns ähnlich. Sie sollen herrschen über die Fische des Meeres und über die Vögel des Himmels, über das Vieh und über alles Wild des Feldes und über alle Kriechtiere auf dem Erdboden! Und Gott schuf den Menschen nach seinem Bild, nach dem Bild Gottes schuf er ihn, als Mann und Frau schuf er sie. Gott segnete sie und Gott sprach zu ihnen: Seid fruchtbar und vermehrt euch und bevölkert die Erde und macht sie euch untertan! Herrscht über die Fische des Meeres und über die Vögel des Himmels und über alle Tiere, die sich auf der Erde regen!"

Genesis 1,26–28

Gott und Mensch stehen also in einer besonderen Beziehung zueinander. Gott ist derjenige, der beschließt, den Menschen zu schaffen. Dies tut er wohlüberlegt und ruhig. Zum Abschluss seines Schöpfungshandelns gehört der Mensch. Danach folgt im Schöpfungsbericht nur noch der siebte Tag, der Sabbat, an dem Gott ruht und sein Werk betrachtet.
Dennoch kommt dem Menschen eine besondere Stellung zu: Er erhält den Auftrag, über die Schöpfung zu „herrschen“. Gott hat ihn als sein Bild erschaffen, der Mensch ist Gott ähnlich. Sicherlich bedeutet das nicht, dass er aussieht wie Gott oder zu einem solchen erhoben wird. Als „Bild Gottes“ wird der Mensch vielmehr an Gott herangerückt. Es drückt aus, dass der Mensch als Geschöpf mehr ist als die übrige Schöpfung, also auch mehr als Pflanzen und Tiere.
Der Begriff „Abbild Gottes“ hat in der Geschichte eine lange Tradition. Um diese Formulierung zu erklären hilft es, die altorientalischen Kulturen näher zu betrachten, die den Hintergrund für die Rede von der Gottebenbildlichkeit in der Bibel bilden. Das Abbild Gottes war zum einen das Kultbild, das im Allerheiligsten eines Tempels aufgestellt war. In diesem Götterbild war für die Menschen damals die Gottheit auf Erden anwesend. Indem das Bild verehrt wurde, empfing es die Ehre, die der Gottheit selbst zustand. Das Bild repräsentierte Gottes Leben und Macht. Abbild Gottes zu sein bedeutet in diesem Sinne, dass das Bild an sich Gott in Erscheinung treten lässt; dass Gott auch dort erscheint, wo der Mensch erscheint. Dementsprechend ist das biblische „Abbild“ so zu verstehen, dass der Mensch – als Bild des Schöpfers – Reprä-

sentant, Verwalter und Vermittler des Lebens auf der Erde sein soll.
Zum anderen wurde in altorientalischen Kulturen auch der König als Abbild Gottes bezeichnet. Damit wurde er gegenüber allen anderen Menschen herausgehoben und von ihnen unterschieden. Jeder Mensch ist von Gott gewollt und geliebt, wie auch alle anderen Geschöpfe und die restliche Welt. Der Mensch ist nicht einfach nur Teil dieser Welt, sondern sticht durch seine besondere Beziehung zu Gott hervor. Das wird durch den Auftrag, für die Schöpfung Sorge zu tragen, noch einmal verstärkt.
Gott hat den Menschen innerhalb der Schöpfung zu etwas Besonderem gemacht, zum Vermittler und Verwalter des Lebens auf der Erde. Damit erhält der Mensch seine Würde und die Möglichkeit, nicht nur leben zu dürfen, sondern seinen Lebensraum auch zu gestalten. Er erhält von Gott die Aufgabe, zu „herrschen über die Fische des Meeres, über die Vögel des Himmels, über das Vieh, über die ganze Erde und über alle Kriechtiere auf dem Land“ (vgl. Genesis 1,28). Der Mensch darf also die Welt zu seinem Wohlergehen nutzen, weil Gott sie ihm anvertraut hat.
Aber die Schöpfung ist immer noch Gottes Eigentum! Die Menschen sind lediglich diejenigen, die die Schöpfung nutzen können. Das beinhaltet keinen Freibrief dazu, sich über die anderen Geschöpfe zu erheben und die Erde nur zum eigenen Vorteil zu beherrschen. Will der Mensch Gottes Auftrag erfüllen, dann ist mit „nutzen“ nicht „ausnutzen“ oder „ausbeuten“ gemeint, sondern vielmehr ein Weiterführen dessen, was der Schöpfer für die Welt getan hat. Der Mensch

soll für die Schöpfung Sorge tragen, die Welt also hüten, pflegen und wohnlich machen. Und damit bedeutet der Begriff „herrschen" so viel wie „Macht haben, zu ordnen und zu verändern", „Verantwortung haben, zu schützen und zu bewahren" oder „zur Menschlichkeit verpflichtet sein". Das ist kein einfacher Auftrag, aber wir können darauf hoffen, dass er unter Gottes Segen steht.

Trotz seiner herausragenden Stellung innerhalb der Schöpfung ist der Mensch seinerseits auch auf die Schöpfung angewiesen und von ihr abhängig. Er braucht sie zum Leben, sie spendet ihm Luft und Nahrung. Daher ist es fatal, wenn der Mensch aus dieser Stellung heraus meint, er könne sich alles erlauben. Damit missbraucht er seinen Auftrag. Wie die gesamte Schöpfung an sich ist auch er auf Gott ausgerichtet. Gott ist der Mittelpunkt der Schöpfung. Darin liegt der Unterschied zwischen dem religiösen Begriff der „Schöpfung" und dem Begriff „Umwelt" oder „Natur": In der Schöpfung steht Gott in der Mitte, während beim Begriff „Umwelt" der Mensch sich selbst ins Zentrum rückt und alles außerhalb von ihm „Natur" ist.

Der Mensch wird von Gott am sechsten Tag als Mann und Frau geschaffen. Beide sind Abbild Gottes. Und was über die Gottebenbildlichkeit gesagt wird, trifft auf beide zu. Der Mensch kann als Frau und Mann seine Bestimmung erfüllen und neben der Sorge für die Bewahrung seiner Lebensgrundlagen Gottes schöpferisches Wirken weiterführen, indem er Nachkommen zeugt. Die Gleichheit von Mann und Frau kann letztlich als Schutz der Schwachen vor den Starken

verstanden werden. Der Schöpfungsbericht sagt uns, dass kein Mann und keine Frau sich über andere erheben und sie unterdrücken darf.
An dieser Stelle wird sehr gut erkennbar, was die Absicht der Schöpfungserzählung ist. Sie ist aus dem Glauben des Volkes Israels entstanden. Die Menschen machten damals unterschiedliche Erfahrungen und begannen darüber nachzudenken, wer denn Gott eigentlich ist und in welcher Beziehung er zur Welt und zu den Menschen steht. Die Schöpfungserzählung will deutlich machen, dass Gott nicht irgendeiner von vielen Göttern ist, sondern dass er der einzige Gott und der Schöpfer des Alls ist. Die Erde ist sein gutes Werk, und der Mensch ist nach seinem Bilde geschaffen. Der siebte Tag soll ein Ruhetag sein. Die Bibel erzählt von Gott als demjenigen, der das Chaos beseitigt und der Erde und den Menschen eine Ordnung schenkt, in der Leben gedeihen kann. Der Mensch nimmt innerhalb der Schöpfung eine besondere Stellung ein und trägt Verantwortung für die anderen Geschöpfe sowie deren Lebensraum. Außerdem soll er das Schöpfungswerk Gottes weiterführen durch die Zeugung von Nachkommen. Jedem Tier, jeder Pflanze und jedem Menschen, aber auch dem Himmel, dem Wasser und dem Festland, den Sternen, dem Mond und der Sonne, dem Tag und der Nacht hat Gott also einen Platz zugewiesen – eine Ordnung, die gut ist für jedes Leben, für gelingendes Zusammenleben.

Das hat mit uns zu tun

Wir Menschen leben auf der Welt mit unterschiedlichen Vorstellungen, Träumen und Wünschen. Mal mehr, mal weniger glücklich und zufrieden. Vieles gelingt uns, aber neben den Chancen, die wir haben und nutzen, gibt es Gefahren, Leid, Hass und Schmerzen. Und immer wieder gibt es im Leben Momente, die in uns die Frage nach dem Sinn der eigenen Existenz aufwerfen.

Der christliche Glaube bietet auf diese Frage eine Antwort: Wir Menschen sind von Gott gewollt. Er schenkt uns das Leben. Er hat uns geschaffen und freut sich an uns. Gott hat uns aber nicht nur ins Leben gerufen (Jesaja 43), sondern steht auch weiterhin mit uns in Beziehung. Gerade in Krisenzeiten kann es helfen, wenn wir uns deutlich machen, dass es jemanden gibt, auf den der Ursprung des eigenen Lebens zurückgeht, und der will, dass wir leben. Das kann ermutigen und Kraft spenden. Weil Gott mit jedem Menschen in Beziehung steht, erhält der Mensch seine Würde. Die Bibel bringt dies zum Ausdruck in der Erschaffung des Menschen als Ebenbild, Abbild Gottes, also Gott ähnlich. In diesem Sinne ist Menschsein als Leben in Beziehung zu verstehen. Der Mensch in seiner Beziehung zu Gott ist fähig, in Beziehung zu sich selbst und zu anderen zu treten, in Gemeinschaft zu leben und all diese Beziehungen frei zu gestalten und für sie Verantwortung zu tragen.

Weil der Mensch mit Gott und mit anderen Menschen in Beziehung steht, kann und soll er das auch mit der nichtmenschlichen Schöpfung tun. Gott beauftragt den Menschen, Verantwortung für die Erde

und für die Tiere zu übernehmen – eine Berufung in die Mitverantwortlichkeit für die Erhaltung und das Wohlergehen seiner Schöpfung. Darunter ist wohl im Wesentlichen die Erhaltung des Lebensraums für nachfolgende Generationen zu verstehen. Wir sind aufgefordert, verantwortungsvoll und umsichtig mit Ressourcen umzugehen und die Erde nicht auszubeuten. Zur Erhaltung des Lebensraums gehört ebenso, Müll zu beseitigen oder diesen gleich zu vermeiden. Auch bei der Produktion und beim Konsum von Nahrungsmitteln ist ein überlegtes Handeln wichtig. Wir können uns fragen, wie Lebensmittel artgerecht produziert werden können, wo ein schonender Umgang in der Produktion stattfindet und was wir tatsächlich zum Leben brauchen. Nicht alles, was der Markt bietet, ist auch notwendig.
Bei aller Gestaltungsfreiheit, die der Mensch in der Welt hat, gibt es immer auch Grenzen: Er sollte immer das Wohl des Ganzen im Blick haben. Dabei ist an die ungerechte Verteilung von Gütern zu denken oder an Menschen, die in Unfreiheit leben, weil andere sich über sie erheben. Gott hat allen Menschen eine Würde verliehen und sie gleich geschaffen. Zu unserem Auftrag gehört ebenso, zu überlegen, wie wir auch im Kleinen Verantwortung für das große Ganze, die Erde, übernehmen können.

Das sollen Kinder verstehen

Kinder beschäftigt immer wieder die Frage, woher sie kommen: „Wo war ich, bevor ich bei dir war, Papa?“ Das Leben und die Welt sind Gottes Geschenk an uns. Er hat den Menschen das Leben gegeben, und die

Menschen geben es untereinander weiter. So ist jedes einzelne Kind durch die Liebe von Mutter und Vater entstanden. Weil die Menschen von Gott die Möglichkeit dazu erhalten haben, können wir sagen, dass Gott uns schon ganz lange „bei unserem Namen gerufen hat" (Jesaja 43,1). Er wollte, dass wir leben. Dadurch verleiht Gott jedem einzelnen Menschen eine Würde, die niemals verlorengeht und die sich ohne jede Einschränkung auf alle Menschen bezieht – ob gesund oder behindert, ob groß oder klein, egal welche Nationalität und Hautfarbe sie haben oder welcher Religion oder Kultur sie angehören. Weil Gott uns ins Leben gerufen hat und uns liebt, können wir handeln. Wir haben eine Verantwortung für uns selbst und für unsere Mitmenschen. Im Umgang mit anderen Menschen heißt das, dass wir ihnen respektvoll und rücksichtsvoll begegnen und sie mit ihren Wünschen und ihrem Denken ernst nehmen müssen. Zudem können wir Gott sehr dankbar sein, dass wir in Gemeinschaft mit anderen Menschen leben dürfen. Denn alleine würde uns vieles gar nicht gelingen – nicht zuletzt das Leben.

Das können wir miteinander tun

Eine Figur aus Ton formen

Um das Abenteuer Schöpfung im Kleinen zu erleben, kann mit Kindern eine kleine (Menschen-)Figur geformt werden. Wer möchte, kann dies auch mit verbundenen Augen tun.

Man braucht dazu: *eine Stange Ton (Bastelladen oder Töpferei), unmittelbar vor dem Formen mit Draht in Portionen geschnitten; eine feste Plastikplane; evtl. Tücher zum Verbinden der Augen; einige kleine Schalen mit Wasser und alte Handtücher für die Hände; kleine Pappstreifen und Stifte für die Namensgebung am Schluss; evtl. CD mit ruhiger, freundlicher Musik (z. B. Vivaldi, Vier Jahreszeiten); kleines Glöckchen.*

Beim Tonen geht es nicht darum, dass besonders schöne und komplette Figuren entstehen, sondern vielmehr darum, den Zauber des Schaffens und Formens zu erleben. Es ist weniger schwierig, als man denkt, die Form der menschlichen Figur nur nach Tastsinn zu modellieren. Wenn die Augenbinde nach dem Tonen abgenommen wird, ist es wichtig, abwertende Kommentare, die vielleicht von anderen Kindern kommen, abzuwenden, etwa durch eine andere Sichtweise. Ein freundlicher Humor ist hilfreich, aber es sollte nichts der Lächerlichkeit preisgegeben werden. Bei kleinen Kindern kann es sinnvoll sein, ihnen freizustellen, ob sie eine menschliche Figur oder ein (Fantasie-)Tier formen wollen.

Durchführung:

- Alle sitzen auf dem Boden; in der Mitte liegt eine Bahn kräftige Plastikfolie wie eine lange Tafel. Darauf stehen einige Schalen mit Wasser und einige Tücher zum Trocknen der Hände.
- Jedes Kind bekommt nun eine Portion Ton. Es soll im Stillen gearbeitet werden. Die Figur am besten aus dem *gesamten* Ton entstehen lassen. Leise Musik hilft, eine entspannte und ruhige Atmosphäre zu schaffen.
- Wer seine Figur fertig hat, legt sie vor sich hin. Nach ca. 15 Minuten erklingt eine kleine Glocke und es kommt die sanfte Aufforderung, zum Abschluss zu

kommen. Wer nicht fertig ist und noch weitermachen möchte, kann dies tun.

- Wenn alle fertig sind, wendet sich jeder zuerst der eigenen Figur zu, kann noch ein paar Stellen glätten und verstreichen. Jeder darf nun auch einen Namen für die Figur finden.
- Dann betrachten alle gemeinsam die Figuren. Jeder kann beschreiben, was er bei den anderen Figuren sieht. Sie können mit den Kindern ins Gespräch kommen über besondere Auffälligkeiten, wie z.B. besonders lang geratene Beine, und können fragen, welche Gabe dahinter steckt. Irgendwie hat ja jeder Mensch eine Macke und dahinter oft eine Gabe.
- Abschließend kann man sich noch über den Vorgang des „Figurformens" austauschen. Dann werden die Figuren zum Trocknen zur Seite gelegt.

Umweltdetektive bewahren die Schöpfung

Kinder begeben sich auf Entdeckungsreise unter dem Fokus „Bewahrung der Schöpfung". Sie tauschen sich mit den Kindern aus über Umweltthemen wie Energiesparen, Mülltrennung, Umgang mit Wasser usw., klären dazu Fragen und geben ihnen Informationen zu diesen Themen. Dann können die Kinder als „Umweltdetektive" im Kindergarten, in der Schule oder der Wohnung auf die Suche nach Energiefressern oder leichtsinnigem Verbrauch von Wasser gehen. Im Anschluss daran können die Beobachtungen gesammelt werden. Gemeinsam wird überlegt, was getan werden muss, damit in unserem Lebensraum die Umwelt geschützt wird.

Lied: Kindermutmachlied

2. Wenn einer sagt: „Ich brauch dich, du:
Ich schaff es nicht allein“,
dann kribbelt es in meinem Bauch,
ich fühl mich nicht mehr klein.

3. Wenn einer sagt: „Komm, geht mit mir;
zusammen sind wir was!“,
dann werd ich rot, weil ich mich freu.
Dann macht das Leben Spaß.

4. Gott sagt zu dir: „Ich hab dich lieb.
Ich wär so gern dein Freund!
Und das, was du allein nicht schaffst,
das schaffen wir vereint.“

Text und Melodie: Andreas Ebert

Schlussimpuls für Eltern

Psalm 8
Herr, unser Gott!
Wie wunderbar ist auf der ganzen Erde dein Name!
Deine Herrlichkeit hast Du ausgebreitet
über die Himmel.
Aus dem Mund der Kinder und Kleinen
hast du dir Lob bereitet,
zu beschämen die Feinde;
Widersacher und Gegner müssen verstummen.
Ich schaue den Himmel, das Werk deiner Finger,
den Mond und die Sterne, die du geschaffen.
Was ist der Mensch, dass du seiner gedenkst!
Des Menschen Sohn, dass du Sorge trägst um ihn!
Du hast ihn nur wenig unter die Engel gestellt,
hast ihn gekrönt mit Ehre und Herrlichkeit.
Du hast ihm Macht gegeben
über das Werk deiner Hände,
alles hast du ihm zu Füßen gelegt:
All die Schafe und Rinder
und die Tiere des Feldes,
die Vögel des Himmels und die Fische im Meer
und alles, was dahinzieht die Pfade der Meere.
Herr, unser Gott!
Wie wunderbar ist auf der ganzen Erde dein Name!

3. Von den Tieren in Gottes Schöpfung

Ralf Gaus

Kommen Tiere in den Himmel? Für was sind Tiere eigentlich da? Glauben Tiere auch an Gott? Die sind doch gar nicht getauft! Beten sie auch einmal?

Das wissen wir dazu

Tiere üben auf Kinder einen besonderen Reiz aus. Ob die Katze auf der Straße oder der Hund im Bilderbuch – Kinder freuen sich, wenn sie Tiere sehen und kommentieren dies entsprechend mit Lachen oder „Wauwau". Tiere gehören zum Leben dazu. Kinder freuen sich über sie und nehmen sie als Mitgeschöpfe wahr. Das ist jedoch nicht immer so, und auch in der Theologie wird nur sehr wenig über Tiere nachgedacht. Man gewinnt fast den Eindruck, dass sie keine Bedeutung haben.

Der Blick in die Bibel zeigt jedoch etwas anderes. Tiere kommen hier fast überall vor. Die Freude über die Existenz von Tieren, wie sie bei Kindern zum Ausdruck kommt, zeigt sich auch in der Bibel. Denn Tier und Religion, Tier und Mensch, gehören für die Bibel und für das Volk Israel grundlegend zusammen. Schon in beiden Schöpfungserzählungen kommt die enge Beziehung zwischen Tieren und Menschen zur Sprache. Beide sind sie Geschöpfe Gottes, beide sind sie aus demselben Erdboden gebildet, beide durchfließt Blut, das als Lebenssubstanz verstanden wird (Genesis 9,4), beide teilen das Schicksal des Todes (Kohelet 3,19). Da-

her stehen Tier und Mensch in einer besonders engen Beziehung zueinander (Genesis 2,18–20). Dies kommt noch heute in vielen jüdischen Namen zum Ausdruck – z. B. werden Tiernamen (Jona=Taube, Debora=Biene, Rahel=Mutterschaf, Zippora=Vogel) als Namen für Menschen verwendet. Manche drückten damit ihre Verbundenheit mit den Tieren aus.
Auch Franz von Assisi hatte eine enge Beziehung zu Tieren. Er redete sie als „Bruder" und „Schwester" an und predigte ihnen entsprechend dem Auftrag in Markus 16,15 („Geht hinaus in die ganze Welt, und verkündet das Evangelium allen Geschöpfen!") das Wort Gottes. Die Legende vom Wolf von Gubbio, in der Franziskus zwischen dem gefährlichen Wolf und den Stadtbewohnern Frieden stiftet, symbolisiert dieses enge Verhältnis und macht den Heiligen zum Patron des Umweltschutzes.
Aber nicht nur zwischen Mensch und Tier besteht eine enge Beziehung, sondern auch zwischen Gott und den Tieren. Ihnen gilt selbstverständlich auch die Liebe und Treue Gottes. So beschreibt schon die Schöpfungserzählung in Genesis 1 die unmittelbare und enge Beziehung Gottes zu Menschen *und* Tieren. Gott schenkt beiden das Leben und gesteht den Tieren ihr vielleicht „nutzloses Leben" zu (vgl. dazu ebenfalls Matthäus 6,25–34). Daher rettet Gott Menschen und Tiere gleichermaßen vor der Sintflut und geht mit beiden einen Bund ein (Genesis 9,8–17). Tiere sind genauso wie Menschen Bundesgenossen, d.h. sind aufgehoben in Gottes immerwährender Treue und Liebe zu seiner Schöpfung. Daher sind im Alten Testament Tiere mit in das Sabbatgebot einbezogen. Auch für Nutztiere sind

damit Ruhezeiten und Pausen im „Arbeitsleben" festgeschrieben.
Diese enge Beziehung zwischen Gott und den Tieren wird auch noch dadurch deutlich, dass letztere im Gegensatz zu den Menschen das Paradies, also den Bereich Gottes, nie verlassen haben. Die Tiere sind in der unmittelbaren Nähe zu Gott. Sie kennen daher ihren Schöpfer und sind für seine Botschaft empfänglich; ein Gedanke, der für uns heute verrückt klingt, da der moderne Mensch doch davon ausgeht, dass nur er aufgrund seiner Vernunft zur Gotteserkenntnis fähig sei. Eine solche Unterscheidung kennt das Alte Israel jedoch nicht. Es erzählt vielmehr von Tieren, die Gott sehr wohl erkannten. Auf diese Weise erklärt sich auch, dass der Esel Bileams den Engel, der sich ihm und seinem Herrn in den Weg stellt und Bileam töten will, erkennt und so das Leben seines Herrn Bileam rettet (Numeri 22,22–34); dass die Kühe den Wagen mit der Lade nach Bet-Schemech zurückbringen (1 Samuel 6,7–12) oder auch, dass alle Tiere mit in den Lobpreis Gottes einstimmen können (Psalm 148,7–10).
Die Bibel spricht Tieren somit eine grundlegende Würde zu. Dieses Denken und die damit verbundene Haltung veränderten sich tatsächlich erst grundlegend, als Philosophen wie etwa Locke, Bacon oder Descartes den Menschen als überlegenes Wesen verstanden. Dem Menschen wurde aufgrund von Vernunft bzw. Vernunftfähigkeit Würde zugesprochen. Und bezüglich bestimmter Sachverhalte ist dies heute zum fast ausschließlichen Kriterium für „lebenswert" und „wertvoll" geworden.
Demgegenüber hatte der Philosoph und Theologe

Nikolaus von Kues (1401–1464) den erschaffenden Beziehungsaspekt Gottes mit seiner Schöpfung betont: „Ich bin, weil Du (Gott) mich anblickst." Die Schöpfung verdankt also ihr Sein und ihre Würde nicht der Vernunft, sondern dem göttlichen Schauen, der göttlichen Beziehung.

In diesem Sinne ist auch der Herrschaftsauftrag in Genesis 1,28 zu verstehen. Durch seine Vernunft übernimmt der Mensch zwar in der Welt und im Verhältnis zu den Tieren eine besondere Aufgabe. Er ist als einziger neben Gott fähig, diese Welt, die Gottes Schöpfung und nicht Menschenwerk ist, zu gestalten. Daher hat der Mensch in der Bewahrung des Lebens eine besondere Verantwortung inne, und Gott kann ihm den Herrschaftsauftrag übertragen. Nicht, um zu zerstören und nur nach seinem menschlichen Willen zu handeln, sondern um gegen Gewalt vorzugehen und für Frieden in der Schöpfung zu sorgen. Aber im Schöpfungsbericht reicht der Respekt vor der Würde des Tieres bis zu einer fleischlosen Ernährungsweise von Tieren und Menschen (Genesis 1,30). Nicht einmal zum Nahrungserwerb soll es in Gottes Welt ein Töten und damit Gewalt geben. Dieser friedliche, paradiesische Zustand zwischen Tieren und Menschen verweist unweigerlich auf die zukünftige Heilswelt, wie sie im biblischen Buch des Propheten Jesaja beschrieben wird (Jesaja 11). Hier begleiten die Tiere die Menschen vom Paradies bis zur neuen Welt. Wenn Gottes Schöpfung eines Tages erlöst wird, dann beinhaltet dies auch die Mit-Erlösung der Tiere und der übrigen Schöpfung. Denn Gott wird nicht das vernichten, was er als „gut" ansieht. Es ist folglich davon auszugehen, dass auch

Tiere in den Himmel kommen und dass wir Menschen für unser Verhalten gegenüber Tieren zur Rechenschaft gezogen werden.
Das bedeutet aber nicht, dass wir heute kein Fleisch essen dürfen. Im Gegenteil, der Verzehr von Tieren ist dem Menschen erlaubt. Die Bibel nimmt diese Realität zur Kenntnis. Es werden keine Gründe genannt, warum Menschen Fleisch essen. Es geht wahrscheinlich nicht ohne. Doch auch außerhalb des Paradieses gilt Gottes Bund mit Menschen *und* Tieren, auch wenn diese Beziehung von Feindschaft und Gewalttätigkeit unter Menschen und Tieren geprägt ist. Selbst hier verlieren die Geschöpfe ihre Würde nicht. Trotzdem hat der Mensch im Umgang mit Tieren auch in der heutigen Zeit das Leben zu achten. Daher macht die Bibel eine Einschränkung: In den Tieren darf beim Verzehr kein Blut, also keine Lebenssubstanz mehr sein. Die erste Schöpfungserzählung und der Auftrag zur Versöhnung mit dem Tier bleiben als „Stachel", als Auftrag zum verantwortlichen Umgang mit der Welt, weiterbestehen. Der Auftrag zur Bewahrung der Schöpfung und damit der Tiere gehört daher zu den grundsätzlichen Aufgaben der Christen.

Das hat mit uns zu tun

Das Verhältnis zu Tieren ist heute bei den meisten ein anderes, als es zu Zeiten der Bibel war. Eine enge bzw. unmittelbare Verbundenheit zwischen Tier und Mensch, wie sie die Israeliten noch hatten, ist in der heutigen Welt kaum mehr vorhanden. Die wenigsten Menschen wachsen noch mit Nutztieren auf. Die meisten erleben Tiere konkret nur noch auf zwei Arten:

Entweder begegnen sie uns im Zoo bzw. als Haustiere oder als Nutztier zur Nahrungsmittelproduktion. Beide Funktionen übernehmen Tiere für den Menschen und beide haben auch ihre Grenzen.
Einerseits besitzen viele ein Haustier, das sie pflegen und mit dem sie in enger Beziehung stehen und das sie als wertvoll erleben. Tiere sind Begleiter des Menschen und unterscheiden sich dadurch auch von uns Menschen. Die Grenze ist eben dann erreicht, wenn das Haustier verniedlicht und schon (fast) wie ein Mensch behandelt wird. Von Kleidung bis zum Adventskalender gibt es alles für Tiere. Dieser Logik folgend ist es für diese Menschen auch selbstverständlich, dass das beste Fleisch zu Tierfutter verarbeitet und entsprechend dem „Liebling" gefüttert wird.
Andererseits ernähren sich die meisten von Fleisch, das meist aus Massentierhaltung kommt. Jeder möchte gerne Fleisch auf dem Tisch haben, aber niemand möchte viel dafür bezahlen. Wir können sagen, welchen Preis wir für ein Schnitzel zu zahlen bereit sind, aber die wenigsten könnten sagen, was das Leben eines Tieres wert ist. Dies fällt vor allem deshalb schwer, weil unsere Gesellschaft heute gerade von der Überlegenheit des Menschen und der Verwertung von Tieren lebt. Erlebten Menschen noch vor hundert Jahren wie ein Tier auf dem Bauernhof aufwuchs, dann geschlachtet wurde und das Fleisch einer Kuh oder eines Schweines eine ganze Familie längere Zeit ernähren konnte, wird heute Fleisch ohne Bezug und ganz entfernt von der Welt der meisten Menschen „produziert". Kaum einer erlebt noch, wie ein Tier auf den Teller kommt. Um die Menge an Fleisch überhaupt de-

cken und den Ansprüchen der Kunden entsprechen zu können, müssen Bauern heute hoch professionell und effizient arbeiten. Die Beziehung zwischen den Tieren und den Kunden, aber auch zwischen Tieren und Bauern hat sich dadurch grundlegend verändert. Tiere werden zur reinen ökonomischen Ware. So werden etwa in Deutschland jedes Jahr 40 Millionen männliche Küken kurz nach der Geburt getötet, weil sie keine Eier legen bzw. nicht als (Suppen-)Hühnchen taugen. Tiere sind aber nicht nur Gegenstand der Massentierhaltung, sondern auch Basis für Versuche in Medizin und (Kosmetik)Industrie oder in der Gentechnik.
Damit erhält die biblische Aussage eine ganz neue Dimension: *„Furcht und Schrecken vor euch lege sich auf alle Tiere der Erde, auf alle Vögel des Himmels und auf alle Kriechtiere auf dem Boden und auf alle Fische des Meeres: In euere Hand sind sie gegeben“* (Genesis 9,2). Der Mensch greift direkt in die Tierwelt ein und so erleben wir auch, dass aufgrund des menschlichen Verhaltens viele Tierarten vom Aussterben bedroht sind.
Für manchen scheint die biblische Sicht nicht mehr in die heutige Zeit zu passen. Die Fragestellungen, vor denen wir heute im Umgang mit Tieren stehen, stellten sich für die biblischen Autoren nicht. Daher scheinen die biblischen Gedanken zunächst einmal im Kontrast zu den gegenwärtigen Erfahrungen zu stehen. Und dennoch: Die verschiedenen Fragen in der heutigen Gesellschaft verlangen nach einer fundamentalen Neubestimmung des Umgangs mit Tieren. Denn es wird deutlich, dass unser derzeitiges Verhalten die Welt, in der wir aufwachsen, für uns und für die nachfolgenden Generationen grundlegend verän-

dert. Dabei scheint außerdem klar zu werden, dass an das Überleben der Tiere auch unser eigenes Überleben gekoppelt ist. Der Literaturnobelpreisträger Elias Canetti schreibt: „Das Gedeihen der Welt hängt davon ab, dass man mehr Tiere am Leben erhält. Aber die, die man nicht zu praktischen Zwecken braucht, sind die wichtigsten. Jede Tierart, die stirbt, macht es weniger wahrscheinlich, dass wir leben. Nur angesichts ihrer Gestalten und Stimmen können wir Menschen bleiben. Unsere Verwandlungen nutzen sich ab, wenn ihr Ursprung erlischt."

Genau hier können aber die biblischen Gedanken einen wichtigen Impuls bieten. Sie lenken unseren Blick auf die Beziehung von Menschen und Tieren und auf die Würde, die beiden zukommt. Das Tier ist nicht einfach nur Verfügungsmasse für den Menschen, sondern Mit-Geschöpf, das eine eigene Würde besitzt. Diese kommt ihm nicht einfach von uns Menschen zu, sondern von Gott. Gott ist es, der darüber entscheidet, was wertvoll und was nicht wertvoll ist. Genau das ist auch der Kern des Begriffes „Schöpfung". Im Gegensatz zum Begriff „Umwelt" steht in der Schöpfung Gott in der Mitte und alles ist auf ihn ausgerichtet, während beim Begriff „Umwelt" der Mensch sich selbst in den Mittelpunkt stellt. Genau hier liegt auch der besondere Akzent der biblischen Gedanken. Es dreht sich eben nicht alles um den Menschen, sondern das Wichtige und Besondere ist Gott. Er bildet den Mittelpunkt der Schöpfung.

Er ist es auch, der uns Menschen zum Herrschen über die Tiere und Pflanzen einsetzt und uns damit Verantwortung für seine Schöpfung überträgt. Wohin

ein verantwortungsloser Umgang mit Gottes Schöpfung geführt hat, zeigen die globale Umweltzerstörung oder die vielfach katastrophale Tierhaltung. Wir Menschen dürfen nicht vergessen, dass wir selbst Geschöpfe Gottes und damit Teil seiner Schöpfung sind. Das Begriffspaar „Mensch und Natur" verleitet doch leicht zu der Vorstellung eines Gegenübers von Mensch und Schöpfung statt dass der Mensch sich als integraler Bestandteil der Natur, also als natürliches Wesen begreift.
Wenn das gelingt, dann wird es wieder möglich, die Tiere als Mitgeschöpfe und nicht als Objekte wahrzunehmen. Dazu ist es nötig, sich eben auch für die Tiere und ihre Belange zu interessieren und die Augen zu öffnen, vor dem was Tiere für den Menschen an Opfer bringen und wie sie leiden. Die besondere Aufgabe liegt dabei darin, die Gewalt auf ein Minimum zu reduzieren. Dies kann jedoch nur gelingen, wenn wir lernen, unsere Ansprüche gegenüber den Tieren und der Schöpfung im Gesamten zurückzunehmen. Die Schöpfung ist eben nicht da, um vom Menschen nach seinen Interessen ausgebeutet zu werden. Den eigenen Fleischkonsum einzuschränken, kann hier schon ein Ausdruck von „Ehrfurcht vor dem Leben" sein.

Das sollen Kinder verstehen

Kinder leben mit Tieren ganz ungezwungen. Die Gründe, warum Kinder ein bestimmtes Tier lieben oder nicht, sind unterschiedlich. Vielfach mögen sie besonders diejenigen Tiere, die man streicheln und denen man Zuneigung entgegenbringen kann. Ebenso sind vielfach auch ästhetische Gründe und die Grö-

ße ein Grund, warum Kinder bestimmte Tiere nicht mögen und eventuell Angst vor ihnen haben.
In ihrer Unbekümmertheit erleben Kinder das Tier oft als Begleiter und Mitgeschöpf des Menschen. Sie schätzen noch die Anwesenheit von Tieren und ihren Wert. Das Verhältnis von Tieren und Kindern ist auch von einer starken Vermenschlichung geprägt; ohne diese Vermenschlichung wäre die Beziehung zwischen Tieren und Kindern undenkbar. Kinder unterstellen Tieren menschliche Verhaltens- und Ausdrucksweisen, indem sie die eigenen Gefühle und Erfahrungen auf das Tier projizieren. Daher feiern viele Kinder den Geburtstag ihres Tieres oder fühlen sich in traurigen Situationen von ihm getröstet. Diese Wertschätzung Tieren gegenüber zu bewahren, ist ein wichtiger biblischer Impuls. Das Tier ist ein Geschenk Gottes. Gott ist es, der die Menschen und die Tiere erschaffen hat. Er soll der Mittelpunkt unseres Lebens sein.
Gerade Kinder haben aber noch dieses unmittelbare Gefühl, Teil der Schöpfung zu sein. Sie sind fasziniert von der sie umgebenden Natur und in besonderem Maße sensibel dafür, was sich in ihrem unmittelbaren kindlichen Staunen ausdrückt. Mit Kindern zusammen auf gemeinsamen Wanderungen die Natur zu entdecken, sie sinnlich wahrzunehmen, über sie zu staunen, aber auch Feste wie Erntedank zu feiern, ermöglicht, sich als Geschöpf und damit Teil der Schöpfung zu verstehen. Der verantwortungsvolle und achtsame Umgang mit der Schöpfung erklärt sich dann von ganz alleine. Schon Kinder können und sollen verstehen, dass Tiere kostbar sind und Fleisch, auch wenn es billig gekauft wurde, eine wertvolle Speise ist. Damit

wird ihnen auch deutlich, dass der sorgsame Umgang mit Nahrungsmitteln kein notwendiges Übel, sondern eine Selbstverständlichkeit ist, da wir selber Teil der Schöpfung sind. Schon an der Art und Weise, wie Erwachsene mit dem Essen umgehen, wenn sie z.B. das Stück Fleisch liebevoll zubereiten oder wenn sie es einfach wegwerfen, merken Kinder beiläufig und ohne viel Reden, welchen Wert Essen und Fleisch besitzen. Ein Dankgebet vor oder nach dem Essen unterstreicht ebenfalls den Wert der Speisen.
In der Auseinandersetzung mit Tieren können Kinder aber auch erleben, dass Tiere immer auch fremd sind. Selbst wenn es sich um die eigene Katze handelt, bleibt bei Tieren immer ein gewisses Rätsel. Sie sind eben doch keine Menschen. Das ist die andere Seite der biblischen Botschaft. Damit widersetzt sich der biblische Text auch jeder Vermenschlichung des Tieres. Das Tier ist eben ein Geschenk als Tier – und nicht als Mensch. Mit zunehmendem Alter können Kinder erfahren und erlernen, dass Tiere wertvoll sind, dass aber eine Vermenschlichung nicht „artgerecht" ist.
Damit zeigt die biblische Botschaft klar die beiden Grenzen menschlichen Umgangs mit Tieren auf: Einerseits sollen wir die Tiere achten und respektvoll mit ihnen umgehen, andererseits sollen wir sie nicht auf die gleiche Stufe mit uns Menschen stellen.

Das können wir miteinander tun

Zoo auf dem Rücken

In einer Gruppe mit Kindern oder zu Hause mit den eigenen Kindern kann man eine Tiermassage machen.

Dazu legt sich ein Kind auf den Bauch. Das andere Kind oder ein Elternteil reibt erst sanft, dann etwas fester, dann wieder sanft über den Rücken. Nachdem die Spielfläche „poliert" ist, macht der Masseur eine kurze Pause. Jetzt beginnt er, verschiedene Tiere über den Rücken krabbeln, hüpfen, schleichen oder rennen zu lassen. Zwischen jedem Tier macht er eine Pause. Das Kind, das auf dem Bauch liegt, muss dann erraten, welches Tier es gewesen sein könnte. Nach ein paar Minuten wird gewechselt.
Zuvor kann mit den Kindern überlegt werden, wie die Fortbewegung der Tiere mit den Händen nachgemacht werden kann. Dabei kann man sich verschiedene Tiere und Fortbewegungsarten ausdenken. Zum Beispiel:

- Elefant: langsam mit lockeren Fäusten patschen.
- Ameise: Leichte lockere Fingerspitzen rennen über den Rücken, hin und her.
- Pferdegalopp: Die Hände bilden Hufe und setzen mit den Fingerspitzen im Galopp-Rhythmus auf.
- Grashüpfer: Vier Fingerspitzen hüpfen.
- Schlange: Die Handkanten schlängeln sich den Rücken entlang.
- Krokodil: die Hand robbt vorwärts, hin und wieder kneifen die Finger fest zu.

Alternative:
Bei mehreren Kindern, etwa im Kindergarten, kann man den Rückenzoo auch im Kreis anleiten. Dann stehen alle Kinder hintereinander im Kreis, und wenn nicht geraten werden soll, kann das Tier laut gesagt werden. Etwa „nun läuft ein Elefant über den Rücken" usw.

Bauernhof & Zoo besuchen

Generell bietet es sich mit Kindern immer an, Tiere auf dem Bauernhof und im Zoo zu besuchen. Es ist für die gesamte Familie ein schöner Ausflug. Dabei zeigt sich die gesamte Pracht der Tiere und es ist möglich, mit den Kindern ungezwungen auch über die jeweilige Situation der Tiere zu sprechen. Wie sehen sie aus? Wo leben sie sonst? Sind sie vom Aussterben bedroht? Wie wird mit den Tieren umgegangen?
Bei so einem Besuch kann dann auch darüber gesprochen werden, woher wir unsere Lebensmittel bekommen. Wie schwierig es ist, sie zu produzieren, von welchen Faktoren (gutes Wetter, Handarbeit, Glück bei der Ernte usw.) sie abhängen.

„Zaubersee“-Massage

Für ältere Kinder/Erwachsene und um zur Ruhe zu kommen, bietet sich die folgende Massage an. Dazu gehen immer zwei Kinder zusammen. Das eine massiert dem anderen Kind unter Anleitung den Rücken. Es hilft, wenn die anleitende Person die Massage zunächst mit den anderen Kindern zusammen durchführt, so dass sie die einzelnen Schritte abschauen können.

Gemeinsam vegetarisch kochen

Um den Stellenwert von Fleisch zu thematisieren, kann beim Essen einmal bewusst auf Fleisch verzichtet werden. Dazu kann mit den Kindern über die Bedeutung von Fleisch gesprochen und überlegt werden, welche Möglichkeiten es gibt, ein leckeres Mittagessen ohne Fleisch zuzubereiten.

„Zaubersee-Massage“ – Ablauf:

Im Zauberwald gibt es einen großen Zaubersee.	kreisende Bewegungen mit den Handflächen
Auf dem See liegen Seerosenblätter flach auf dem Wasser.	mit den Handflächen sanft auf den Rücken tippen
Wenn ein leichter Wind übers Wasser weht, dann entstehen Wellen auf der Wasseroberfläche.	mit allen Fingern Wellenlinien malen
Auf dem Wasser laufen winzige Insekten mit langen Beinen.	mit den Fingern krabbeln
Da kommen Enten herbeigewatschelt, vorneweg die Entenmutter.	mit den Handflächen abwechselnd auf den Rücken klatschen
Schwups!, springen sie ins Wasser und schwimmen.	fächerförmige Bewegungen mit den Händen
Plötzlich fängt es an zu regnen.	mit den Fingerkuppen trommeln
Da suchen alle Waldbewohner schnell einen Unterschlupf	schnelle, krabbelnde Bewegungen über den ganzen Rücken, bis zu den Händen und Füßen
Auch die Entenfamilie. Sie bauen sich aus Gras und Federn ein Nest, kuscheln sich hinein, werden ganz leise und hören ihre Herzlein pochen.	mit den Fingerspitzen über den Körper huschen, ein Nest formen und den Kopf auf den Rücken des Partners legen und lauschen

Gemeinsames Tischgebet

Ein Tischgebet schafft nicht nur einen gemeinsamen Beginn des Essens, sondern erfüllt darüber hinaus noch weitere Aufgaben. Es ist zunächst ein Dank an Gott für die Speisen und ein Segen über sie. Gleichzeitig ist es eine kurze Besinnung auf das, was nun kommt. Das Essen wird bewusst als Geschenk wahrgenommen, erhält so seinen Stellenwert und wird mit der entsprechenden Wertschätzung verzehrt.
Mit Kindern fast jeden Alters lassen sich etwa die folgenden Gebete sprechen:

„Alle guten Gaben,
alles was wir haben,
kommt, o Gott, von dir.
Wir danken dir dafür."
„O Gott, von dem wir alles haben,
wir preisen dich für deine Gaben.
Du speisest uns, weil du uns liebst,
o segne auch, was du uns gibst. Amen."

„Von deiner Gnad', Herr, leben wir,
und was wir haben, kommt von dir.
Darum sagen wir dir Dank und Preis,
tritt segnend ein in unseren Kreis.
Amen."

„Wie die Luft zum Atmen bist du immer da;
kommst mir auch im Schenken dieses Mahles nah.
Ich bleib deiner Liebe dankbar eingedenk:
Nichts ist selbstverständlich, alles ist Geschenk.
Amen."

Im Anschluss daran können sich alle die Hände reichen und sagen: „ Wir wünschen uns einen guten Appetit."

Schlussimpuls für Eltern
Glauberger Fürbitte

Wir beten zu Gott, dem Schöpfer:
Vater unser im Himmel,
wir bitten dich für unsere Brüder und Schwestern, die Tiere:
Geheiligt werde dein Name
in jedem Geschöpf, dem du das Leben geschenkt hast.
Dein Reich komme
zu den Tieren, denen im Reich des Menschen täglich Unrecht geschieht.
Dein Wille geschehe
in der Ehrfurcht vor allem, was lebt,
wie im Himmel so auf Erden.
Unser tägliches Brot gib uns heute,
das Brot der Bescheidenheit und nicht der Ausbeutung.
Und vergib uns unsere Schuld
an unseren älteren Geschwistern, den Tieren,
wie auch wir vergeben unsern Schuldigern,
die uns verachten, weil wir für die Tiere eintreten.
Und führe uns nicht in Versuchung,
deine Geschöpfe unseren Bedürfnissen anzupassen,
sondern erlöse uns von dem Bösen,
das uns von deinen Geschöpfen und damit von dir trennt.

Denn dein ist das Reich *der Schöpfung*
und die Kraft *der Auferstehung*
und die Herrlichkeit *der Kinder Gottes*
in Ewigkeit.
Amen.

4. Vom Schlechten in der Schöpfung

Albert Biesinger

Wenn Gott die Welt gemacht, woher kommt das Leid? Hat Gott auch die Erdbeben und die gefährlichen Tiere gemacht? Warum müssen wir sterben? Ist mit dem Tod alles aus? Bleibt die Erde, wenn ich mal nicht mehr da bin? Warum tut Gott nichts, damit es der Erde gut geht? Warum gibt es Umweltkatastrophen?

Das wissen wir dazu

Unsere Welt ist alles andere als heil: Streit, Kriege, Hunger, Naturkatastrophen, Tod – jeder von uns wird im Lauf seines Lebens früher oder später mit diesen ernsten Dingen und einschneidenden Erlebnissen konfrontiert. Oft genug haben die negativen Ereignisse eine natürliche Ursache, aber häufig sind sie auch von Menschen gemacht. Die Erfahrung, dass es in der Welt so viel Schlechtes gibt, kann auch den Frömmsten an Gott zweifeln lassen: Wie ist es nur möglich, dass der liebende Schöpfer all dem tatenlos zusieht? Kann es angesichts von Leid und Übel überhaupt einen Gott geben? Diese Fragen beschäftigen die Menschen seit der Antike.

Der Philosoph Gottfried Wilhelm Leibniz (1646–1716) beantwortete sie mit dem Hinweis, dass der Mensch schon in derjenigen Welt lebe, die dem Übel den kleinsten Raum biete – sie sei zum einen trotzdem unvollkommen, und zum anderen dränge das Schlechte in der Welt den Menschen ja geradezu zum Nützlichen. Andere Denker erklärten die schlechte Welt zum Durchgangsstadium in der Geschichte: Gott greife nicht ein, weil er das Ende der Welt ohnehin kenne. Oder sie deklarierten das Negative sogar als Gottes Willen; neben allem Guten sei auch alles Schlechte letztlich von ihm geschaffen. Weitere Erklärungsmodelle verweisen dagegen auf die Freiheit des Menschen. Man sieht: Eine allgemein gültige, universale Antwort gibt es nicht. Aber es finden sich zumindest Ideen, mit denen sich einzelne Aspekte des Leids erklären lassen.

Freiheit und Missbrauch der Freiheit

Als Menschen sind wir in eine Welt hineingeboren, die Gott zur Freiheit berufen hat. Das heißt auch, dass wir die Möglichkeiten dieser Welt nach unseren eigenen Vorstellungen nutzen können. Gott redet uns nicht rein. Selbst dann nicht, wenn wir dabei jegliche Verpflichtung gegenüber unseren Mitmenschen außer Acht lassen. Demzufolge ist es auch Teil unserer Freiheit, ihnen Leid zuzufügen. Das klingt extrem, ist jedoch nur die logische Weiterentwicklung dieses Denkansatzes. Wenn man es genauer betrachtet, basiert in der Tat ein großer Teil dessen, was die Menschen einander antun, auf dem gnadenlosen Ausreizen der eigenen Möglichkeiten: Da werden Rohstoffvorkommen und Menschen ausgebeutet, weil die Gier und die Verschwendungssucht einiger weniger stärker sind als die Kraft der Betroffenen, sich zu wehren. Es werden Feindschaften geschürt, Hass

gesät und Kriege angezettelt, weil das einfacher ist, als faire Kompromisse mit dem Gegner zu schließen. Alles oder nichts. Dass Freiheit auch Verantwortung beinhaltet, interessiert meist diejenigen nicht, die am längeren Hebel sitzen. Dort, wo Menschen ihre gottgegebene Freiheit auf diese Weise missbrauchen und ausschließlich im eigenen Interesse handeln, entsteht vermeidbares Übel.
Diese Vermeidbarkeit des Schlechten unterscheidet uns von der Natur, wo es bekanntermaßen nicht minder hart zur Sache geht. Fressen und Gefressen-Werden wirken auf uns zwar oft ähnlich brutal wie Kriegsbilder im Fernsehen. Sie haben aber eine andere Ursache: Nicht Gier, Hass oder böser Wille stehen dahinter, sondern Notwendigkeit. Deshalb lässt sich diese Grausamkeit – dem unterlegenen Tier werden ja ebenfalls Schmerzen zufügt! – nicht nach menschlichen Maßstäben beurteilen. Vor allem artet sie nicht dahingehend aus, dass ganze Völker im Kampf gezielt vernichtet werden. Ein Jäger im Tierreich erlegt nur das, was er und sein Rudel wirklich benötigen. Insofern erscheint die Bezeichnung „gefährlich" auch als nicht ganz angemessen: Im Lauf der Evolution haben diese Tiere ihr Verhalten und ihre körperlichen Voraussetzungen schlicht den Gegebenheiten ihres Lebensraumes angepasst.

Naturkatastrophen
Wie aber lassen sich aber die Naturkatastrophen, bei denen immer wieder zahllose unschuldige Menschen den Tod finden, mit unserer positiven Gottesvorstellung in Einklang bringen?

Bei Erdbeben, Dürreperioden und Flutkatastrophen wird es in der Tat schwierig: Kein Mensch kann solche Ereignisse wirklich zuverlässig voraussagen und schon gar nicht verhindern; es gibt keinen Schuldigen, aber unzählige unschuldige Opfer. Alle gängigen Erklärungsmodelle stoßen an ihre Grenzen. Ist all das vielleicht wirklich nur ein simples Zeichen dafür, dass eben auch das Schlechte in der Welt von Gott geschaffen ist? Auf diese Frage werden wir keine befriedigende Antwort erhalten. Uns bleibt nur die Möglichkeit, das Geschehen zu deuten und daraus Konsequenzen für unser Leben zu ziehen. Zum Beispiel: Die Menschen möchten alles kontrollieren, und im Zeitalter von Computer und weltweiter Vernetzung scheint ihnen das auch mehr als je zuvor zu gelingen. Naturkatastrophen zeigen uns aber, dass sich eben nicht alles kontrollieren und erst recht nicht steuern lässt. Bei allem Wissen über die Welt ist der Mensch weder das Maß aller Dinge, noch steht er über ihnen. Das halten uns Fluten und Beben, aber auch der vom Menschen beschleunigte Klimawandel immer wieder vor Augen, leider auf sehr drastische Weise.
In der Bibel ist zwar – wie bereits dargestellt – die Rede davon, dass der Mensch sich die Erde unterwerfen soll. Damit ist jedoch auch eine Verantwortung für die Welt verknüpft, der wir uns nicht entziehen können; sie kam weiter oben bereits zur Sprache. Gerade die Veränderungen durch den Klimawandel sollten für uns Menschen ein Zeichen sein, dass wir eine Grenze erreicht haben und nicht einfach weitermachen können wie bisher.

Die Welt ist sterblich

Eine andere Grenze im Leben ist die eigene Endlichkeit. Sie wird uns spätestens dann schmerzlich bewusst, wenn ein geliebter Mensch stirbt. In unserem Leben ist der Tod das Einzige, was wir mit Sicherheit voraussagen können. Die Frage nach seinem Sinn ist wohl das größte Mysterium der Menschheit; ihr verdanken wir unter anderem die Entstehung von Religionen.

Unsere Welt besteht aus sterblicher Materie, das Leben ist ein ständiges Werden und Vergehen. Schon mit unserer Geburt sind wir sozusagen auf den Tod hin ausgerichtet. Insofern ist die Frage, was das Leben denn überhaupt für einen Sinn hat, wenn man ja doch sterben muss, auf jeden Fall berechtigt. Kinder stellen sie oft.

Antworten darauf gibt uns der Glaube: Unsere Existenz ist trotz unserer Sterblichkeit nicht sinnlos; es war vielmehr der Wille eines liebenden Gottes, dass wir in die Welt gekommen sind. Gott hat uns als sterbliche Wesen erschaffen, ebenso wie die übrige Welt auch sterblich ist. Er hat aber jedem von uns für sein Leben eine Aufgabe gegeben, die es zu entdecken und zu erfüllen gilt. Jeder Einzelne ist Gottes geliebtes Kind, das die Liebesgeschichte zwischen ihm und seiner Schöpfung fortschreibt. Und zu dieser Schöpfung gehört es leider auch, dass jegliches Leben irgendwann wieder vergeht, und dass wir darüber traurig sind.

Wie geht es nach dem Tod weiter? Auf der Erde wird sich der ständige Kreislauf von Leben und Sterben weiter fortsetzen, auch wenn wir längst nicht mehr da sind. Ein jedes Leben hat seine Zeit. Was unser eigenes Sterben betrifft, finden wir im christlichen Glauben ebenfalls eine tröstende Zusage: Mit dem irdischen Tod ist nicht alles zu Ende, sondern er ist nur der Übergang in ein neues Leben. In ein ewiges Leben bei Gott – ein ganz anderes Leben, als wir es in der Welt kennen. Gott will nicht, dass wir sterben, sondern dass wir leben. Aber um mit ihm vereint leben zu können, müssen wir auf Erden sterben. Das soll aber nicht heißen, dass wir jederzeit mit dem Schlimmsten rechnen müssen. Es gibt auch „ein Leben vor dem Tod". Dieses Leben hat seinen eigenen Wert, deshalb müssen wir es schätzen und nutzen.

Die Gaben der Schöpfung teilen

Gott will, dass es uns auch im irdischen Leben gut geht. Doch oft sieht es anders aus: Menschen müssen hungern oder verlieren ihre Existenz aufgrund von Katastrophen, während andere ein weitgehend sorgloses Leben führen können. „Die Welt hat genug für alle Menschen, nur nicht für ihre Gier", lautet ein Sprichwort. Gott liebt die Menschen, und die Erde bringt genügend Frucht für jeden von ihnen hervor.
An uns liegt es nun, diese Gaben Gottes gerecht zu verteilen, sodass jeder das ihm Zustehende erhält. Dazu sind wir nicht zuletzt durch das Gebot der Nächstenliebe angehalten, das Gott uns durch Jesus auferlegt hat: Liebe deinen Nächsten wie dich selbst. Mit diesem Gebot hat er gezeigt, wie viel ihm am Wohlergehen seiner Schöpfung und am gelingenden Miteinander der Menschen liegt.

Das hat mit uns zu tun

Tagtäglich werden wir mit den Unzulänglichkeiten und Gefahren des Lebens konfrontiert, sei es durch

schreckliche Nachrichten im Fernsehen oder durch eigenes Erleben. Wir dürfen die Augen vor dem Schlechten in der Welt nicht verschließen, sondern müssen uns damit auseinandersetzen. Erst dadurch zeigen sich uns Möglichkeiten, Dinge zum Positiven zu verändern – und diese Chancen müssen wir nutzen.
Wichtig ist, dass die Auseinandersetzung sachlich geschieht, nicht mit dem erhobenen Zeigefinger oder mit Hilfe von Schockeffekten. Ziel ist zum einen, den Kindern Ängste zu nehmen, etwa vor der Zukunft oder dem Tod, und zum anderen, sie zum Handeln zu motivieren. Jeder von uns trägt mit an der Verantwortung für die Welt, und am Ende zählt jeder noch so kleine Beitrag.
Selbstverständlich dürfen wir nicht ausklammern, dass die Menschheit für manche Probleme keine Lösung oder Handlungsoption hat. In solchen Fällen kann man aber immer noch versuchen, das jeweilige Ereignis zu deuten und ihm so zumindest eine Form von Sinn zu geben.

Das sollen Kinder verstehen
Unsere Welt ist beileibe kein Paradies. Kinder merken das genau. Deshalb ist es wichtig, dass sie begreifen, dass auch die negativen Aspekte nun mal zum Leben gehören. Andererseits dürfen sie jedoch nicht den Mut verlieren, sich diesen Herausforderungen immer wieder zu stellen.
Nicht für jedes schlimme Ereignis können wir einen Verantwortlichen ausmachen, nicht immer für jedes Geschehen finden wir plausible Erklärungen. Trotz allen technischen Fortschritts kann der Mensch bei

weitem nicht alles auf der Welt kontrollieren oder zuverlässige Vorhersagen treffen. Häufig ist es notwendig, sich selbst mit dem Geschehenen auseinanderzusetzen, daraus Schlüsse zu ziehen und zu handeln. Aber auf keinen Fall darf man das Schlechte einfach hinnehmen und sich damit arrangieren. Resignation sorgt nur dafür, dass vermeidbares Übel nicht vermieden wird.

Jeder von uns kann dort, wo er steht, zu einer besseren Welt beitragen. Das beginnt mit einem guten Umgang miteinander und mit der Achtung der Belange der Schöpfung. Diese Achtung äußert sich nicht nur in großen Werken, schon kleine Gesten der Nächstenliebe werten das Leben auf.

Manche schlechten Erfahrungen sind jedoch untrennbar mit dem Leben verknüpft. Dazu gehört die Trauer um einen lieben Menschen. In der heutigen Zeit, die so sehr auf Perfektion achtet und stets gute Laune erwartet, ist es zugegebenermaßen schwierig geworden, Trauer zu zeigen. Wir alle müssen wieder lernen, sie zuzulassen. Wenn Großeltern oder Freunde sterben, ist Traurig-Sein keine Schande, sondern eine zutiefst natürliche Reaktion. Der Tod eines Menschen bringt für seine Angehörigen immer einen schmerzhaften Ablösungsprozess mit sich, der sich auf diese Weise äußert. Wichtig ist deshalb, dass ein Trauernder auch Trost findet – und das kann der Glaube leisten: Er verspricht uns, dass mit dem scheinbar so endgültigen Tod eben nicht alles vorbei ist. Gott hat uns aus Liebe ins irdische Dasein gerufen, und selbst im Tod wird seine Hand uns nicht loslassen. Diese Botschaft kann auch Kindern die Angst vor dem Tod nehmen.

Das können wir miteinander tun

Wenn Sie einen Todesfall in der Familie haben oder ein aktuelles Ereignis die Öffentlichkeit beschäftigt, ist zuallererst das Gespräch wichtig. Wiegeln Sie nicht gleich ab, wenn Ihnen die Ängste oder Sorgen Ihres Kindes marginal vorkommen. Kinder müssen ernst genommen werden. So entsteht Vertrauen. Und es besteht Ihrerseits nicht einmal der Zwang, auf jede Frage prompt eine Antwort zu haben! Es sind ja gerade die Unerklärlichkeit von einschneidenden Erlebnissen und die tiefe Trauer, die uns sprachlos machen. Oft ergeben sich insbesondere aus Gesprächen und aus dem gemeinsamen Nachdenken Erklärungen, die für alle Beteiligten zufriedenstellend sind. Dabei können auch die Eltern von den Kindern lernen – gerade hinsichtlich der Dinge, auf die wir Menschen keinen Einfluss haben.

Beim Tod eines Angehörigen ist es sinnvoll, gemeinsam von diesem Menschen Abschied zu nehmen; wenn möglich auch am Sarg. Der Besuch im Leichenhaus kann dazu beitragen, dass der Tod für die Kinder realer oder im wahrsten Sinne des Wortes begreifbar wird. Auch die Beisetzung, bei der die Trauergemeinde jemanden aus ihrer Mitte der Erde übergibt, ist ein sehr anschauliches Ritual des Abschieds. Aber selbstverständlich darf man ein Kind keinesfalls zwingen, mit an den offenen Sarg oder zur Beerdigung zu kommen. Überlassen Sie ihm diese Entscheidung selbst.

Bei vielen anderen Dingen können wir ohne größere Hürden selbst aktiv werden. Sprechen Sie mit Ihren Kindern zum Beispiel über Umweltschutz; überlegen Sie gemeinsam, was jeder zuhause oder unterwegs dafür tun kann: Müll vermeiden, Wasser sparen, Fahrrad statt Auto benutzen – die Möglichkeiten sind vielfältig. Oder wenn es wieder mal Streit gegeben hat: Niemand soll zu Kreuze kriechen müssen. Wie kann also eine Versöhnung aussehen, bei der jeder der Beteiligten sein Gesicht wahrt? Und wie kann der Familienfriede dauerhaft wiederhergestellt werden? Erarbeiten Sie zusammen mit den Kindern feste Regeln, an die sich alle halten müssen. Auch die Erwachsenen.

Schlussimpuls für Eltern
Gerade der Friede und die Bewahrung der Schöpfung gehören zu den großen Herausforderungen der Menschheit – und doch sind sie Bereiche, in denen man bereits im eigenen Umfeld viel bewirken kann. Das hat uns der heilige Franziskus von Assisi gezeigt, der zu Menschen und Tieren gleichermaßen ein geschwisterliches Verhältnis pflegte. Sein unendlicher Respekt vor Gottes Schöpfung kommt im „Sonnengesang“ zum Ausdruck, der bis heute zu den bekanntesten und beliebtesten christlichen Gebeten zählt. Hier ein Auszug:

Gelobt seist du, mein Herr,
durch unsere Schwester, Mutter Erde,
die uns ernährt und trägt
und vielfältige Früchte hervorbringt
mit bunten Blumen und Kräutern.

Gelobt seist du, mein Herr,
durch jene, die verzeihen um deiner Liebe willen
und Krankheit ertragen und Drangsal.

Selig jene, die solches ertragen in Frieden,
denn von dir, Höchster, werden sie gekrönt werden.

Gelobt seist du, mein Herr,
durch unsere Schwester, den leiblichen Tod;
ihm kann kein Mensch lebend entrinnen.
Wehe jenen, die in schwerer Sünde sterben.
Selig jene, die sich in deinem heiligsten Willen finden,
denn der zweite Tod wird ihnen kein Leid antun.

Lobt und preist meinen Herrn
und sagt ihm Dank
und dient ihm mit großer Demut.

Franz von Assisi

Zum Ausmalen: Der heilige Franz von Assisi

5. Vom Urknall und der Erschaffung der Welt

Edeltraud Gaus

Ist die Erde tatsächlich in sieben Tagen entstanden? Wie hat Gott die Welt gemacht? Hat er alles gleichzeitig gemacht? Gab es etwas, bevor Gott die Welt gemacht hat? Wie kann aus dem Nichts etwas entstehen? Hat die Welt auch ein Ende? Was ist der Urknall?

Das wissen wir dazu

Menschen sind neugierig, nicht nur als Kinder. Es ist eine Eigenschaft des Menschen, Dinge verstehen zu wollen, um erklären zu können, warum etwas ist wie es ist. Je nachdem, was man wissen will, setzt man eine andere Brille auf, verwendet bestimmte Messinstrumente, legt seinen Verfahren andere Erklärungsmodelle zugrunde und kommt mitunter zu verschiedenen Beschreibungen desselben Gegenstandes.

Ähnlich sieht es bei der Schöpfungserzählung und der Urknalltheorie bzw. der Evolutionstheorie aus. Sie werden gerne nebeneinandergestellt und wie „Äpfel mit Birnen" verglichen. Für Jugendliche ist diese einfache Parallelisierung häufig das Ende ihres Glaubens. Dabei ist zunächst einmal zu klären, was diese Theorien bzw. Berichte denn eigentlich beschreiben wollen und welche Perspektive sie einnehmen. Sie befassen sich zwar mit derselben Sache, verfolgen aber ver-

schiedene Interessen – und formulieren ein unterschiedliches Weltbild.
Die *Urknalltheorie*, die heutzutage allgemein anerkannt ist, will belegen, wie das physisch-materielle Weltall und mit ihm die Sonnen, Planeten und Monde entstanden sind.
Demgegenüber will die *Evolutionstheorie* erklären, wie sich das Leben auf dem Planeten Erde von niederen zu höheren Formen entwickeln konnte und entwickelt hat. Diese Theorie wird meist mit dem Namen Charles Darwin in Verbindung gebracht, aber bereits lange vor ihm zweifelten immer wieder einige Naturforscher daran, dass jede Art von Leben für sich von Gott geschaffen oder einzeln entstanden und unveränderlich sei. Darwin widersetzte sich mit seiner Theorie über den Artenwandel der damals gängigen Auffassung, dass Gott alle Geschöpfe im Himmel, auf der Erde und im Meer geschaffen hat, wie es die biblische Schöpfungserzählung beschreibt. Auf diese Weise stellte er die Entstehung des Lebens auf der Erde auf eine naturwissenschaftliche Grundlage. Die Entwicklung des Finken oder der Schildkröte, des Orangenbaums oder des Menschen wird nicht mehr auf den unmittelbaren Eingriff Gottes zurückgeführt, sondern auf vorhandene Naturgesetze.
Nach wie vor gibt es in christlich-fundamentalistischen Kreisen Menschen, die an der Evolutionstheorie zweifeln und die Bibel wortwörtlich auslegen. Ihrer Ansicht nach sind die biblischen Erzählungen in absolut wörtlicher Form zu verstehen, und daher verlangen sie, dass die Erschaffung der Welt durch Gott in sieben Tagen im Biologieunterricht gelehrt wird.

Nicht nur in den USA, sondern auch in Europa versuchen sogenannte Kreationisten durch quasi-wissenschaftliche Begründungen aufzuzeigen, dass die Bibel doch recht hat. Durch die Beobachtung der Natur wollen sie beweisen, dass Gott die Welt vor tausenden von Jahren genau so geschaffen hat, wie wir sie heute vorfinden. Doch diese Ansichten haben wenig mit dem zu tun, was der theologische Begriff Schöpfung und die Schöpfungserzählung zum Ausdruck bringen möchten.
Der theologische Schöpfungsbegriff ist nicht mit den beiden naturwissenschaftlichen Begriffen „Urknall" oder „Evolution" zu vergleichen. Denn die Schöpfungserzählung nimmt gegenüber den beiden anderen Theorien eine weitere Perspektive ein und setzt zugleich eine Entscheidung voraus. Derjenige, der diesen Bericht oder dieses Lied schrieb, hat die Welt aus der Perspektive einer an Gott glaubenden Person betrachtet. Bei den beiden anderen Weltbildern und Sichtweisen ist eine solche Vorentscheidung nicht notwendig. Daher ist die Aussage der Schöpfungserzählung keine naturwissenschaftliche. Sie ist vielmehr Ausdruck gelebten und reflektierten Glaubens, also ein Ausdruck gelebter Spiritualität: Sie will nicht erzählen, wie eins aus dem anderen hervorging und Entwicklung stattfand. Daher kann ein Christ auch gut von der Urknall- und Evolutionstheorie überzeugt sein. Die Aussage der Schöpfungserzählung ist: „Am Anfang schuf Gott Himmel und Erde." Dies drückt aus, dass die Erde und das Leben auf ihr aus Gottes Hand hervorgegangen und deshalb auf ihn bezogen sind. Der Text will etwas zum Verhältnis von Welt und Mensch sagen – und

nicht, wie die Welt exakt entstanden ist. Der Gott Jahwe ist der eine und einzige Gott, und er ist von Anfang an bei uns. Er muss nicht erst geboren werden oder im Götterkampf andere Götter besiegen, wie dies in anderen Schöpfungsmythen erzählt wird.
Die Schöpfungserzählung ist also nicht einfach eine Beschreibung der Entstehung einer Sache. Ihre Verfasser wollen vielmehr herausstellen, dass die uns bekannte Welt mit allem Guten wie Schlechtem eine Ordnung besitzt, in der Leben entstehen und sich entwickeln kann.
Der Schöpfungsbericht entstand, als sich das Volk in babylonischer Gefangenschaft befand und dort mit anderen Religionen konfrontiert wurde. Durch den Kontakt mit diesen Religionen war der eigene Glaube gefährdet, und deshalb wurde der Glaube an Jahwe genauer formuliert. Man wollte sich abgrenzen von den Babyloniern und hielt Erzählungen und Überzeugungen des eigenen Volkes fest. Die Schöpfungsberichte sind also vor einem religiösen Hintergrund entstanden. Die Zahl Sieben in der Anzahl der Schöpfungstage ist daher nicht als ein fixer Punkt zu verstehen, sondern Ausdruck von Vollendung, Fülle und Heiligkeit. Aus dieser spirituellen Betrachtung der Welt kann der gläubige Mensch sagen, dass er glaubt, dass er und die Welt von Gott erschaffen worden sind. Wie das genau abgelaufen ist, davon muss im Schöpfungsbericht gar nicht die Rede sein, das wird auch nicht erzählt. Aber alles, was wir auf der Welt vorfinden, ist durch Gottes Hände gegangen, als er es erschaffen hat. So schafft er das Licht, das Tag und Nacht trennt, und die Zeit. Er stattet den Lebensraum

aus, indem er Meer und Land und Himmel erschafft. Daraufhin folgen die Pflanzen, die Gestirne, die Tiere und der Mensch. Alles hat seinen Platz und seinen Sinn. Und darum stimmt der biblische Autor ein Loblied auf den Schöpfer an.
Mit der Schöpfungserzählung soll den Menschen also etwas über Gott mitgeteilt werden: Die Welt wie wir sie vorfinden, hat einen Sinn, auch wenn es in ihr Gutes *und* Schlechtes, Schönes *und* Grausames gibt. Bei alldem hofft der gläubige Mensch darauf, dass Gott das Urchaos gebändigt und gestaltet hat. Er ist es, der die Welt eingerichtet und den Menschen nach seinem Bild geschaffen hat. Diese Ordnung zeigt sich auch in der Gestaltung der Woche: Der Sabbat soll ein Ruhetag sein.
Die Antwort auf die Frage, wie die Welt und das Leben entstanden sind, geben Naturwissenschaften und die Theologie aus verschiedenen Blickwinkeln. Daher ist ein Gegeneinander oder gar gegenseitiges Aufheben von Urknalltheorie, Evolutionstheorie und Schöpfungsbericht nicht denkbar. Und deshalb kann auch ein Christ an alle drei Theorien bzw. Berichte gleichzeitig „glauben".

Das hat mit uns zu tun

Unsere Wahrnehmung der Wirklichkeit ist heutzutage stark beeinflusst von dem, was wir sehen und was uns bewiesen werden kann. Derselbe Gegenstand, etwa eine Blume, wird von einem Dichter, einem Genetiker oder Biologen, einem Verliebten oder einem Theologen jeweils unterschiedlich beschrieben. Während der Dichter die Blume als Objekt seines poetischen Empfindens versteht, ist sie für den Verliebten ein Ausdruck seiner Liebe zur Partnerin und für den Theologen ist sie ein Zeichen für Gottes wunderschöne Schöpfung; der Genetiker wird die Blume dagegen unter dem Aspekt ihrer möglichen genetischen Veränderbarkeit beschreiben und der Biologe anhand von Farbe, Art, Blütenzeit und Vorkommen klassifizieren. Und jede dieser Aussagen entspricht der Wirklichkeit, weil sie unter verschiedenen Voraussetzungen und aus jeweils anderen Grundüberzeugungen heraus getroffen wird. Keine Wahrnehmung schließt die andere aus; alle Beschreibungen dienen vielmehr dazu, die vieldimensionale Wirklichkeit der einen Realität, der einen Blume, zu erfassen. Über die Entstehung der Welt und des Lebens kann also eine gültige naturwissenschaftliche Erklärung abgegeben werden, die vom Zusammenwirken bestimmter Naturgesetze ausgeht und sich auf Beweise und Forschungen beruft.

Die Bibel gibt eine andere Erklärung ab, die darauf gründet, dass Gott als Schöpfer angenommen wird und so die Wahrnehmung der Wirklichkeit prägt. Es geht hier nicht um die exakte Erklärung wie die Welt entstanden ist. Die Texte in Genesis 1 und 2 sind ein Lobhymnus auf Gott, den Schöpfer der Welt und des Lebens, das von Gläubigen festgehalten, vorgetragen oder gesungen worden ist – und wird. Der Schöpfungsbericht (Genesis 1) ist in einer Lied- bzw. Gedichtform abgefasst. Das zeigen beispielsweise refrainähnliche Formulierungen wie „*und Gott sprach*" oder „*und Gott sah, dass es gut war*". Auch gibt es ein genaues Schema, wie die Tage und die jeweils geschaffenene Werke angeordnet sind:

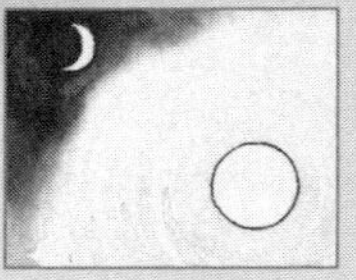

4. Tag:
Gott erschafft
Sonne und
Mond.

3. Tag:
Gott erschafft
Erde und Pflanzen.

2. Tag:
Gott erschafft
den Himmel.

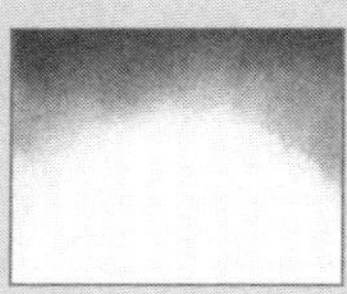

1. Tag:
Gott schafft Licht
und Dunkel,
Tag und Nacht.

Allein die Tatsache, dass die Schöpfungserzählung als literarische Komposition anzusehen ist und dass es im Buch Genesis zwei „Berichte" darüber gibt, wie Gott die Welt erschaffen hat, zeigt, dass es hier nicht um das *Wie*, sondern um das Lob des Schöpfers geht. Der gläubige Mensch macht sich bewusst, dass wir

5. Tag:
Gott erschafft die Tiere des Meeres und die Vögel des Himmels.

6. Tag:
Gott erschafft das Vieh, Kriechtiere und die Tiere des Feldes. Er erschafft den Menschen als Mann und Frau.

7. Tag:
Gott ruht, nachdem er sein Werk vollbracht hat.

unser Leben nicht aus uns selbst heraus haben. Wir verdanken es einer Wirklichkeit, über die wir nicht verfügen. Zusammen mit anderen sind wir in eine Lebenswirklichkeit hineingestellt, für die jeder Verantwortung trägt.

Wer an Gott glaubt, feiert mit der Schöpfungserzählung Gott als Schöpfer und ist sich bewusst, dass wir

Menschen von ihm geschaffen sind. Der christliche Schöpfungsglaube spricht nicht naturwissenschaftlich-abstrakt und objektiv über die Entstehung der Welt. Er liefert vielmehr eine Standortbestimmung, wie der gläubige Mensch sein Leben in der Welt versteht und es führen möchte. Er animiert den Leser dazu, sich mit grundsätzlichen Fragen nach dem Sinn seines Daseins auseinanderzusetzen: Was sind die Fähigkeiten, die mir geschenkt sind? Wie und wozu werde ich sie in meiner Welt einsetzen? Wie soll und wie werde ich mich zu meinen Mitgeschöpfen und zu der Schöpfung verhalten, in die ich eingebunden bin? Meine Antworten auf diese Fragen und die Art, in der ich meine Verantwortung wahrnehme sind nicht gleichgültig. Denn sie bestimmen mein Handeln und bleiben somit im eigenen Leben und in meinen Lebensbereichen nicht ohne Wirkung. Sicher ist so viel: Wo Menschen ihre Verantwortung wahrnehmen, die Gott ihnen übertragen hat, da haben Geschöpfe und Schöpfung eine gute Zukunft.

Das sollen Kinder verstehen

Die biblischen Schöpfungsgeschichten versuchen nicht, naturwissenschaftlich die Entstehung der Welt zu erklären. Deshalb ist es religionspädagogisch und theologisch indiskutabel, diese wortwörtlich zu verstehen bzw. die Kinder mit einer Auseinandersetzung zwischen Naturwissenschaften und Theologie zu konfrontieren. Doch wie soll mit den Schöpfungserzählungen umgegangen und wie soll Kindern verdeutlicht werden, dass sich Glaube und Naturwissenschaften nicht ausschließen? Aufgrund ihrer Entwicklung verstehen

Kinder die biblischen Bilder noch ganz wörtlich. Sie können noch nicht symbolisch denken und nehmen die biblischen Aussagen über die Erschaffung der Welt als konkrete Aussagen. Dabei können diese Bilder aber mit zunehmender Ablösung von kindlichen Vorstellungen auch zum Stolperstein religiöser Entwicklung werden. Es ist daher sinnvoll, Kindern ihre eigenen Vorstellungen, ihre eigene „Kindertheologie“ zu lassen.
Werden Kinder irgendwann mit einer physikalischen oder biologischen Erklärung konfrontiert und leuchtet ihnen diese ein, werden sie die biblische Erklärung ernsthaft hinterfragen und sich eventuell von ihr abwenden. Deshalb müssen sie lernen, dass es verschiedene Zugänge gibt, die Welt zu verstehen und Sinnzusammenhänge für das eigene Leben zu finden. Damit ist die Auslegung jeweils in andere Richtungen offen, und Kindern wird nicht die Konfrontation zwischen Naturwissenschaft und Theologie vermittelt.
Kindern verstehen nicht immer, wieso sie für das Brot dankbar sein sollen, wieso sie den Wasserhahn nicht endlos laufen lassen, Blumen nicht einfach abrupfen oder Ameisenhaufen nicht zertrampeln dürfen, oder warum sie bei der Wanderung im Wald ihren Müll nicht einfach liegen lassen sollen. Wenn Erwachsene und Kinder darüber immer wieder ins Gespräch kommen, können die Kinder über Jahre hinweg ein Wertverständnis und ein gewisses Verantwortungsgefühl im Umgang mit Nahrung, anderen Lebewesen und der Natur entwickeln.
Eltern, die ihre Kinder religiös erziehen wollen, können anhand der biblischen Schöpfungsberichte von Gott erzählen, der die Welt und das Leben erschaffen hat.

Er wollte, dass es auf der Erde Leben gibt. Deshalb hat er sie dem Menschen übergeben, damit der sie pflegt und schützt. Gerade darum sind unser Lebensraum und alles Leben sehr wertvoll. Weil Gott uns Menschen zum Leben verholfen hat, steht jeder von uns in einer besonderen Beziehung zu ihm. Können Kinder sich als Gotteskinder verstehen, dann sind sie auch in der Lage, Welt und Natur als Schöpfung wahrzunehmen – mit allem Positiven und Negativen, das dazugehört. Und dass die Umwelt und das Leben geschützt werden sollen, darin sind sich Naturwissenschaften und Religion einig.

Das können wir miteinander tun

Gott für die Welt danken

Einer spricht: „Gott hat uns seine Schöpfung geschenkt. In allem, was er geschaffen hat, können wir Gott finden. Alles sagt uns: So groß und gut ist Gott. – Und Gott lässt seine Welt nicht im Stich. Wie sehr er diese Welt liebt und was er für sie tut, das hören wir in der folgenden Erzählung aus der Bibel."

Petrus und Andreas nahmen Jesus mit zu sich nach Hause, und die anderen Jünger folgten ihnen. Als sie ankamen, lief ihnen die Frau des Petrus mit besorgtem Gesicht entgegen. „Meine Mutter ist sehr krank", begann sie. „Das Fieber steigt, und ich weiß nicht, was ich tun soll."

„Jesus kann helfen", antwortete Andreas. Sie führten Jesus in die Ecke des Raumes, wo die Schwiegermutter des Petrus sich hin und her wälzte. Jesus nahm ihre magere, abgezehrte Hand in die seine und half ihr, sich aufzusetzen. Sofort verschwand die brennende Röte

von ihrem Gesicht, und sie lächelte Jesus zu. „Ich sollte längst auf den Beinen sein und mich um euch kümmern", meinte sie. Dann stand sie auf und fühlte sich gesund und stark.
Die Nachbarn sahen das und trauten ihren Augen kaum. In Windeseile verbreitete sich die Nachricht, und am Abend hatte sich eine große Menschenmenge vor dem Haus versammelt. Alle möglichen Kranken warteten geduldig darauf, dass Jesus ihnen half. Da waren Taube und Blinde, von bösen Geistern Besessene und viele Gelähmte. Freunde und Verwandte hatten sie gebracht.
Jesus ging hinaus zu der Menge und heilte sie alle. Er zeigte ihnen, dass mit seinem Kommen Gottes Macht in der Welt am Werk war. Zugleich ließ er sie erkennen, dass Gott jeden liebt und sich um jeden von ihnen kümmert.
Nach Markus 5, aus der Kinderbibel von Elmar Gruber
Die Bibel in 365 Geschichten erzählt © Verlag Herder GmbH, Freiburg i.Br., 18. Aufl. 2007

Danach kann ein Austausch über den Bibeltext stattfinden. Wo erlebe ich Freude in meinem Leben? Wo schenkt mir Gott seine Zuneigung, seine heilende Nähe?

Gebet:
Guter Gott, schärfe unsere Sinne, öffne uns Augen und Ohren, damit wir dich überall in der Schöpfung entdecken lernen und unsere Welt als dein Geschenk an uns Menschen bewahren und gestalten. Amen.

Lied: „Du hast uns deine Welt geschenkt“

2. Du hast uns deine Welt geschenkt:
die Länder, die Meere.
Du hast uns deine Welt geschenkt:
Herr, wir danken dir.

3. Du hast uns deine Welt geschenkt:
die Sonne, die Sterne.
Du hast uns deine Welt geschenkt:
Herr, wir danken dir.

4. Du hast uns deine Welt geschenkt:
die Blumen, die Bäume.
Du hast uns deine Welt geschenkt:
Herr, wir danken dir.

5. Du hast uns deine Welt geschenkt:
die Berge, die Täler.

Du hast uns deine Welt geschenkt:
Herr, wir danken dir.

6. Du hast uns deine Welt geschenkt:
die Vögel, die Fische.
Du hast uns deine Welt geschenkt:
Herr, wir danken dir.

7. Du hast uns deine Welt geschenkt:
die Tiere, die Menschen.
Du hast uns deine Welt geschenkt:
Herr, wir danken dir.

8. Du hast uns deine Welt geschenkt:
Du gabst mir das Leben.
Du hast mich in die Welt gestellt:
Herr, wir danken dir.

9. Du hast uns deine Welt geschenkt:
Du gabst uns das Leben.
Du hast uns in die Welt gestellt:
Herr, wir danken dir.

Text: Rolf Krenzer / Melodie: Detlev Jöcker
Aus: Das Liederbuch zum Umhängen

Kreativ die Schöpfung erfahren

Das Thema Schöpfung lädt dazu ein, sich sinnlich mit Umwelt und Natur auseinanderzusetzen und bietet damit die Möglichkeit einer ganzheitlichen Erarbeitung.

- Kinder können selbst *schöpferisch tätig werden.* Sie hören zum Beispiel die Schöpfungsgeschichte aus der Bibel (Genesis 1–2,4a) und können danach die Schöpfung so malen oder aus Ton formen, wie sie sie wahrnehmen. In einer Vernissage können sich die Kinder dann ihre Schöpfung gegenseitig vorstellen und erklären, was ihnen wichtig und bedeutsam ist.
- Kinder können auf unterschiedliche *Entdeckungsreisen* gehen. So kann man auf einem Spaziergang (durch die Stadt, den Wald …) an unterschiedlichen Orten unterschiedliche Dinge hören (Menschen reden, Vögel zwitschern, Bäche und Blätter rauschen …). Dabei dürfen die Kinder dem, was ihnen an Schöpfung begegnet eigene Namen zu geben.
- Kinder können *Lob und Dank an den Schöpfer* formulieren. Betrachtet man die biblischen Texte und Psalmen (besonders die Psalmen 8, 19 und 145), dann führt das Staunen immer zum Lob an den Schöpfer. Sich vom Wunder der Schöpfung ergreifen zu lassen und zu staunen, darf bei der Wahrnehmung nicht alleine stehen bleiben. Die Kinder sollen fähig werden, die Schöpfung nicht als selbstverständlich hinzunehmen, sondern für ihre Vielfalt zu danken.

Schlussimpuls für Eltern

Töchter des Meeres
Wie viele Muschelschalen gehen
an diesem öden Strand verloren!
Sie könnten das Glück Tausender Kinder sein.

Der Mensch begreift nicht,
dass die Wellen, die Töchter des Meeres,
schöne Kinder sind,
die auch mit Muscheln spielen.

Dom Helder Camara
aus: Mach aus mir einen Regenbogen

6. Unsere Verantwortung für die Zukunft

Ralf Gaus

Warum machen die Erwachsenen unsere Welt kaputt? Warum tut ihr nichts gegen die Umweltzerstörung? Was kann ich richtig machen, was ist nicht so gut? Ist mein Beitrag überhaupt wichtig – die Welt ist doch so groß?

Das wissen wir dazu

Wenn unsere Kinder und die kommenden Generationen das Verhalten der heutigen Menschheit rückblickend nicht als „rücksichtslos" und „verantwortungslos" bewerten sollen, dann ist ein radikales Umdenken im Umgang mit der Schöpfung notwendig. Zu häufig vergisst unsere Generation, dass die Grundlage ihres Fortschritts und Wohlstands die Ausbeutung und der Verbrauch natürlicher Ressourcen sind. Vieles davon, zum Beispiel Gas, Erdöl oder Kohle, wird nicht mehr nachwachsen, wenn es einmal aufgebraucht ist. Tierarten, die ausgestorben sind, werden nicht wiederkommen, und die Folgen der Umweltzerstörung wie Überschwemmungen, Dürre usw. sind nicht absehbar. Eine rasante Beschleunigung des Verbrauchs erleben wir gerade durch die Entwicklungs- und Schwellenländer wie etwa China, die nun ebenfalls ihren Anteil an den Bodenschätzen beanspruchen.

Es ist eine Frage der Gerechtigkeit, dass nicht nur wir Menschen der aktuell lebenden Generation Anspruch auf die Ressourcen erheben dürfen, sondern auch und gerade die heutigen Kinder und zukünftige Generationen, die heute noch nicht für ihre Rechte eintreten können. Es gibt keinen Grund, sie nicht zu berücksichtigen, nur weil sie noch nicht auf der Welt sind. Vielmehr ist das sogar geboten, weil die Menschen mit ihrem Handeln schon jetzt massiv in ihr Leben eingreifen.

Gerade die neuen Technologien verursachen bei Unfällen immer größere Schäden, deren Folgen nicht abzuschätzen sind. Wie weit diese Folgen des heutigen Handelns reichen, zeigen etwa die Kriterien für den Bau eines Atommüll-Endlagers. Laut Bundesministerium für Umwelt, Naturschutz und Reaktorsicherheit hat ein Endlager die Sicherheit von einer Million Jahre zu gewährleisten. Damit sind schon jetzt die zukünftigen Generationen in die Pflicht genommen; ihnen wurden Verantwortung und Aufgaben übertragen, ohne sie zu fragen. Neben der Aufgabe, einmal die Renten zu bezahlen, stehen sie ungefragt auch vor der Beseitigung der Folgen unseres Handelns. Möglicherweise werden sie diese Belastung niemals schultern können.

Daher ist es die Aufgabe von uns heute, nicht nur auf Kosten der Kinder und zukünftiger Generationen zu leben, sondern diese bereits heute als Mitgeschöpfe wahrzunehmen und im Tun zu berücksichtigen. Die Menschheit zu Beginn des dritten Jahrtausends muss daher eine Haltung entwickeln, welche die Schöpfung als Grundlage des Lebens aller Menschen begreift – und entsprechend verantwortlich mit ihr und den Ressourcen umgehen. Sie muss eine Welt hinterlassen, in der kommende Generationen nicht mit mehr Problemen zu kämpfen haben als sie bewältigen können. Auch sie müssen die Chance bekommen, die Schönheit der Natur mit ihrer Artenvielfalt zu genießen und sie für sich nutzbar zu machen. Die Schöpfung ist ein Gut, das es nicht nur für uns heute, sondern auch für die Menschheit der Zukunft zu bewahren gilt. Sie ist ein Gut, das die eine Generation an die nächste weitergeben möchte. Auch wir haben sie von unseren Vorvätern als Erbe empfangen und werden sie eines Tages weitergeben.

Das hat mit uns zu tun

Die Wünsche nach Wohlstand und Bewahrung der Schöpfung schließen einander zwar nicht aus, fordern von uns aber eine andere Haltung. Nicht alle Wünsche, die wir haben, können erfüllt werden. Ökologisch ist es sinnvoller, zu Fuß zu gehen, als mit dem Auto zu fahren, die Reise in den Urlaub mit der Bahn und nicht mit dem Flugzeug zu machen sowie statt dem Gemüse aus Asien oder Lateinamerika auf Produkte aus der Region zu setzen. Das fordert Überwindung und Verzicht auf liebgewonnene Annehmlichkeiten. Fahrradfahren macht bei Wind und Regen wenig Spaß, und saftige Tomaten aus Lateinamerika lassen einen im Winter mehr vom Sommer träumen als der Kohl, der dann auf dem europäischen Gemüseplan steht. Aber letztlich ist der Verzicht auf diese Möglichkeiten wertvoller.

Verantwortung gegenüber der Schöpfung und den künftigen Generationen zu übernehmen ist für Christen zunächst eine spirituelle Haltung. Sie erfordert mehrere Dinge. Zunächst müssen wir sensibel werden für die Schöpfung. Wir müssen sie als Wert an sich, als wert-voll begreifen. Erst wenn wir sie nicht mehr als einfach nur gegeben betrachten, sondern sie bewusst als Grundlage für das Leben wahrnehmen, können wir sie auch als Geschenk Gottes begreifen, das zu bewahren sich lohnt. Die Schöpfung ist ein Geschenk, das an alle Menschen geht – aber nur für eine begrenzte Zeit, die Zeit unseres Lebens. Wir besitzen die Schöpfung nicht, sondern sind im biblischen Sinne nur ihr Verwalter. Die Kinder von heute und die künftigen Generationen werden uns darin beerben.

Das sollen Kinder verstehen

Kinder erlernen den verantwortlichen Umgang mit der Schöpfung zuallererst zu Hause, durch das Vorbild der Eltern. Sie machen es so, wie man es zu Hause eben vormacht: Müll trennen, Licht ausschalten, wenn man den Raum verlässt usw. Der verantwortungsvolle Umgang mit Ressourcen ist also eine Form des Verhaltens, nur dass man sich meist bewusst für dieses Verhalten entschieden hat. Wie bei allem werden die Eltern hinterher sein müssen, dass die Kinder dieses Verhalten auch einhalten; sie müssen also kontrollieren, ob das Licht auch wirklich ausgeschaltet ist etc. Das ist nicht immer einfach und löst auch Diskussionen aus. Aber genau in solchen Situationen können Kinder erleben, dass den Eltern die Bewahrung der Schöpfung ein wichtiges Gut ist. Eventuell sogar, dass sie damit Verantwortung für die Menschen heute und die Zukunft der Kinder übernehmen. Die Kinder begreifen also, dass Eltern sich nicht in eine Haltung zurückziehen, aus der heraus sie einfach etwas tun, weil man es eben tut. Sondern dass sie bewusst handeln und mit gutem Grund, auch wenn sie sich vielleicht anderen gegenüber dafür rechtfertigen müssen. Vor allem Jugendliche werden vielleicht auch erleben, dass die christliche Haltung der Eltern eine politische Dimension hat: Aus dem eigenen Glauben erwächst ein Handeln, das versucht, die Gesellschaft zu gestalten.

Das können wir miteinander tun

Ein sorgsamer Umgang mit der Schöpfung und ihren Ressourcen erfordert immer wieder neue Anstrengung. In vielen Bereichen kann er erlernt werden: Es beginnt mit dem Wassersparen beim Zähneputzen und geht über das Lichtausschalten, über Mülltrennung zur Müllvermeidung. Man bedenke: Heute wird so viel Verpackungsmüll wie zu Beginn der 80er Jahre produziert. Deshalb können und sollen Eltern und Kinder gemeinsam überlegen, wo sie sorgsam mit den Ressourcen umgehen können.

Vor allem mit älteren Kindern kann überlegt werden, ob es nötig ist, das Auto zu benutzen, um zum Sport zu kommen, ob sich Fahrgemeinschaften bilden lassen oder sogar das Fahrrad reicht. Dies hat aber nur dann Sinn, wenn sich alle daran beteiligen, auch die Eltern.

Das Auto ist hier jedoch nur ein Beispiel; es gibt viele Möglichkeiten, wo eine Familie anfangen kann. Entscheidend ist, dass den Kindern dabei kein Druck gemacht wird. Verantwortungsvoller Umgang mit der Schöpfung soll spielerisch und freudig erlernt werden, wenn er nicht eines Tages in das Gegenteil umschlagen soll. Daher soll es nicht darum gehen, den Kindern dauernd etwas zu verbieten, sondern sie an kleinen Beispielen sensibel für die Umweltprobleme zu machen. Eine Familie muss also nicht gleich das ganze Alltagsleben umstellen, sondern kann entsprechend ihres eigenen Tempos erste (kleine) Schritte gehen.

Ein „umweltfreundliches Wochenende" planen
Ein Wochenende lang versucht jedes Familienmitglied bewusst, umweltfreundlich zu leben. Man kann z.B. ausprobieren, auf welchen Strecken das Auto verzichtbar ist, weil entweder der Weg ohnehin relativ kurz ist oder weil man sich auf diese Weise eine Stunde Bewegung an der frischen Luft verschafft. Es wird nur saisonales und regionales Gemüse auf dem Markt oder beim Bio-Gemüsehändler gekauft und damit gekocht; es wird überlegt, wo im Haushalt Energie gespart werden kann – mit Energiesparlampen oder dem konsequenten Ausschalten des Standby-Modus an allen Elektrogeräten. Oder es gibt statt Fernsehen einen gemeinsamen Spieleabend. Man kann überlegen, wo sich Müll vermeiden lässt (z.B. Stofftaschen zum Einkaufen mitnehmen), und darauf achten, dass der Müll getrennt wird. Oder auch darauf dass man nur die wirklich notwendige Waschmittelmenge benutzt. Am Sonntagabend wird ausgewertet, ob es so viel Umstellung erfordern würde, einige der Ideen im Alltag beizubehalten.

„Umweltbeauftragte" einrichten
Um bei den Kindern schon früh die Wahrnehmung für die natürlichen Ressourcen zu wecken, können im Kindergarten oder der Grundschule neben den Klas-

senbuchordnern oder anderen Aufgaben auch sogenannte „Umweltbeauftragte“ ernannt werden. Im Wechsel können dann je zwei Kinder verantwortlich dafür sein, dass etwa das Licht in den Zimmern aus ist, wenn man den Raum verlässt, dass Müll getrennt wird usw.

Schlussimpuls für Eltern

Gebet der Vereinten Nationen
Herr, unsere Erde ist nur
ein kleines Gestirn im großen Weltall.
An uns liegt es, daraus einen Planeten zu machen,
dessen Geschöpfe nicht von Kriegen gepeinigt werden,
nicht von Hunger und Furcht gequält,
nicht zerrissen in sinnlose Trennung
nach Rasse, Hautfarbe oder Weltanschauung.
Gib uns Mut und die Voraussicht,
schon heute mit diesem Werk zu beginnen,
damit unsere Kinder und Kindeskinder
einst mit Stolz den Namen Mensch tragen.

Buchempfehlungen und Dank

Für Kinder:

Julia Knop: Die großen Fragen des Lebens für kleine Philosophen, Verlag Herder, Freiburg i.Br., 2. Auflage 2010.
Ursel Scheffler: Herders Kinderbibel, Verlag Herder, Freiburg i.Br., 8. Auflage 2009.

Für Erwachsene:

Paul Deselaers / Dorothea Sattler: Es wurde Licht. Die Botschaft der biblischen Schöpfungstexte, Verlag Herder, Freiburg i.Br. 2005.
Rainer Hagencord: Gott und die Tiere: Ein Perspektivenwechsel. Kevelaer 2008.
Misereor (Hg.): „Gottes Schöpfung bewahren, damit alle leben können" – Arbeitsheft zum Hungertuch. Aachen 2009.
Silvia Schroer, Tiere in der Bibel. Eine kulturgeschichtliche Reise, Verlag Herder, Freiburg i.Br. 2010.
Sekretariat der Deutschen Bischofskonferenz (Hg.): Wenn du den Frieden willst, bewahre die Schöpfung. Welttag des Friedens 1. Januar 2010. Bonn, Sekretariat der Deutschen Bischofskonferenz 2009.

Für die redaktionelle Mitarbeit danken die Autoren Volker Gaus.

Zu den Autoren

Albert Biesinger, Dr. theol., ist Familienvater und Opa. Als Diakon und Professor für Religionspädagogik, Kerygmatik und Erwachsenenbildung (Universität Tübingen) bringt er Menschen die Freude am Glauben näher. Er ist Vorstand der Stiftung „Gottesbeziehung in Familien" (www.stigofam.de).

Ralf Gaus, Dr. theol., ist Vater von zwei Kindern. Er arbeitet als Religionslehrer an einem Stuttgarter Gymnasium und ist Lehrbeauftragter für Religionspädagogik und Katechetik an der Philosophisch-Theologischen Hochschule in Münster.

Edeltraud Gaus ist Mutter von zwei Kindern und arbeitet als Gymnasiallehrerin für katholische Religion und Französisch. Sie ist zugleich Beraterin und Kommunikationstrainerin nach dem personenzentrierten Ansatz (GwG).